Freiler | Marsik | Olf | Wittberger

Lösungswege

Mathematik Oberstufe

6

Lösungsheft

www.oebv.at

Hinweise zum Gebrauch des Lösungshefts:

Das Lösungsheft ist zur Kontrolle und nicht zum Abschreiben gedacht. Arbeite deshalb ehrlich, löse jede Aufgabe selbstständig und kontrolliere erst dann die Ergebnisse.

Zu den Aufgaben, die im Lösungsheft mit dem Symbol gekennzeichnet sind, stehen die durchgerechten Lösungen und zusätzliche Erklärungen im Lehrwerk-Online der Lösungswege zur Verfügung. Die grauen Markierungen zeigen dir genau an, welche Unternummern durchgerechnet auf **www.oebv.at** zu finden sind. Die Online-Codes am Anfang jedes Kapitels im Lösungsheft führen dich direkt zu den durchgerechneten Lösungen jenes Kapitels.

Die Figuren im Lösungsheft sind meist verkleinert dargestellt, sodass aus ihnen keine Längen entnommen werden können.

Das Lösungsheft wurde mit großer Sorgfalt erstellt. Sollten trotzdem Fehler passiert sein, so bitten wir, dies dem Verlag (Österreichischer Bundesverlag Schulbuch GmbH & Co. KG; E-Mail: ahs@oebv.at) mitzuteilen. Wünsche und Anregungen werden ebenfalls gerne entgegengenommen.

1 Potenzen

Kapitel 1
2979wc

1. a) e^6 b) v^4 c) $(a+b)^2$ d) a^4b^2 e) $10 \cdot 10 \cdot 10 \cdot 10 \cdot 10 \cdot 10$
f) $x \cdot x \cdot x \cdot x \cdot x$ g) $(x-y)(x-y)(x-y)(x-y)$ h) $(a+b)(a+b)(a-b)(a-b)(a-b)$

2. Musteraufgabe

3. a) -8 b) 16 c) -64 d) 256 e) -32 f) -128

4. A, D

5. a) $(-a)^n = \underbrace{(-a) \cdot (-a) \cdot \ldots \cdot (-a)}_{\text{n Faktoren, n gerade}} = \underbrace{(-1) \cdot (-1) \cdot \ldots \cdot (-1)}_{\text{1, da die Anzahl der Faktoren gerade ist}} \cdot \underbrace{a \cdot a \cdot \ldots \cdot a}_{\text{n Faktoren}} = a^n$

b) $(-a)^n = \underbrace{(-a) \cdot (-a) \cdot \ldots \cdot (-a)}_{\text{n Faktoren, n ungerade}} = \underbrace{(-1) \cdot (-1) \cdot \ldots \cdot (-1)}_{-1\text{, da die Anzahl der Faktoren ungerade ist}} \cdot \underbrace{a \cdot a \cdot \ldots \cdot a}_{\text{n Faktoren}} = -1 \cdot a^n = -a^n$

6. (1) Potenzen mit gleicher Basis werden multipliziert, indem man die Basis mit der Summe der Exponenten potenziert.
(2) Potenzen mit gleicher Bases werden dividiert, indem man die Basis mit der Differenz der Exponenten potenziert.
(3) Eine Potenz wird potenziert, indem man die Basis mit dem Produkt der Exponenten potenziert.

7. a) x^8 (1) b) y^6 (1) c) z^2 (2) d) w^5 (2) e) c^{24} (3) f) d^{20} (3)

8. A, D

9. (1) $a^m \cdot a^n = a^{m+n}$ $a \in \mathbb{R};\ n, m \in \mathbb{N}/\{0\};$ $\underbrace{a \cdot a \cdot \ldots \cdot a}_{\text{m Faktoren}} \cdot \underbrace{a \cdot a \cdot \ldots \cdot a}_{\text{n Faktoren}} = \underbrace{a \cdot a \cdot \ldots \cdot a}_{\text{m + n Faktoren}} = a^{m+n}$

(2) $a^m : a^n = a^{m-n}$ $a \in \mathbb{R};\ n, m \in \mathbb{N}/\{0\},$ $m > n;\ \dfrac{\overbrace{a \cdot a \cdot \ldots \cdot a}^{\text{m Faktoren}}}{\underbrace{a \cdot a \cdot \ldots \cdot a}_{\text{n Faktoren}}} \overset{\text{kürzen}}{=} \underbrace{a \cdot a \cdot \ldots \cdot a}_{\text{m − n Faktoren}} = a^{m-n}$

(3) $(a^m)^n = \underbrace{a^m \cdot a^m \cdot \ldots \cdot a^m}_{\text{n Faktoren}} = a^{\overbrace{m+m+\ldots+m}^{\text{n Summanden}}} = a^{m \cdot n}$

10. a) $-c^2$ c) -2^2y^2 e) r^y g) t^y
b) $-x^3$ d) z f) s^{2a} h) u^{2a}

11. a) $-4a^6b^6c$ b) $-2a^2c$ c) $3x^{3a}y^a$ d) $3z^{5x}$ e) $-16x^{9y}$

12. a) $81a^4$ b) $-32a^5b^{15}$ c) $\frac{1}{64}x^{12}y^{24}$ d) $-\frac{x^6}{y^{15}}$ e) $\frac{y^{24}}{64}$ f) $x^{10} : y^{20}$

13. a) $-9a^7$ b) $72a^{22}$ c) $-a^3$ d) $-81a^2$

14. a) $\frac{x^{10}}{2}$ c) $-\frac{x^{11}}{81}$ e) $-54a^3b^2$ g) $-8x^8y^{23}$
b) $\frac{2x^{12}}{27}$ d) $\frac{9x^{10}}{64}$ f) $-\frac{x^{10}}{y^9}$ h) $\frac{9t^8u^2}{4}$

15. (4) $(a \cdot b)^n = \underbrace{(a \cdot b) \cdot (a \cdot b) \cdot \ldots \cdot (a \cdot b)}_{\text{n Faktoren}} = \underbrace{a \cdot a \cdot \ldots \cdot a}_{\text{n Faktoren}} \cdot \underbrace{b \cdot b \cdot \ldots \cdot b}_{\text{n Faktoren}} = a^nb^n$

$$(5)\ \left(\frac{a}{b}\right)^n = \underbrace{\left(\frac{a}{b}\right)\cdot\left(\frac{a}{b}\right)\cdot\ \dots\ \cdot\left(\frac{a}{b}\right)}_{n\text{ Faktoren}} = \frac{\overbrace{a\cdot a\cdot\ \dots\ \cdot a}^{n\text{ Faktoren}}}{\underbrace{b\cdot b\cdot\ \dots\ \cdot b}_{n\text{ Faktoren}}} = \frac{a^n}{b^n}$$

16. a) $\frac{1}{x^3}$ c) $\frac{1}{y^5}$ e) $\frac{1}{6^2}$ g) $\frac{1}{4^4}$ i) $\frac{1}{3x}$ k) $\frac{1}{(5y)^2}$
b) $\frac{1}{-4z}$ d) $\frac{1}{(-x)^2}$ f) $\frac{1}{(-xy)^3}$ h) $\frac{1}{(x^2)^2}$ j) $\frac{1}{(-x^2)^3}$ l) $\frac{1}{(xy^2)^4}$
m) $\frac{1}{(2y)^3}$ n) $-\frac{1}{(xy)^2}$

17. B, D, E

18. a) a^{-2} b) b^{-4} c) 2^{-3} d) z^{-10}
e) $2c^{-8}$ f) ab^{-5} g) $2xy^{-1}$ h) xyz^{-7}

19. a) 1 b) 1 c) 1 d) 1 e) −5

20. a) (1) $\frac{1}{10^3}$ (2) 0,001 b) (1) $\frac{1}{10^5}$ (2) 0,00001
c) (1) $\frac{1}{5^2}$ (2) 0,04 d) (1) $\frac{1}{5^4}$ (2) 0,0016
e) (1) $\frac{1}{2^6}$ (2) 0,015625 f) (1) $\frac{1}{2^3}$ (2) 0,125

21. a) 1E, 2A, 3B, 4C b) 1D, 2A, 3B, 4F

22. Musteraufgabe

23. a) $\frac{y}{x^5}$ b) $\frac{bd^2}{ac}$ c) $\frac{b^5y^4}{a^3x^2}$ d) $\frac{4y^6}{x^6}$ e) $\frac{1}{5xy^4}$
f) $\frac{1}{xy^5z^2}$ g) $\frac{x^2y^7}{5^3}$ h) $\frac{2c^4d}{5a^2b^3}$ i) $\frac{9a^3}{b^4c^6d^3}$ j) $\frac{3ae}{b^4c^2df^2}$

24. a) $\frac{b^5}{a^4}$ b) $\frac{c^4}{16}$ c) $\frac{1}{2x^4}$ d) $5x^{11}$ e) $\frac{2y}{3x^{12}}$

25. a) x^3+x^2 b) $2xy^3-y^4$ c) $\frac{1}{a^2+2ab+b^2}$ d) $2a^2b^2-ab^3$ e) $2a^3b-2ab^4$

26. a) $\frac{1}{8a^3}$ b) $\frac{1}{16b^4}$ c) $\frac{1}{9c^6}$ d) $\frac{-1}{64d^{15}}$ e) $\frac{1}{625e^{16}}$

27. a) $\frac{1}{3}$ b) $\frac{1}{64}$ c) 1 d) $\frac{1}{729}$ e) $\frac{1}{2}$

28. a) $a^2+a^3+\frac{1}{a}$ b) $\frac{3}{x^2}-4+\frac{5}{x}$ c) $b^2+b-\frac{1}{b^3}-\frac{1}{b^4}$

29. a) $\frac{1}{9}$ b) $\frac{1}{100}$ c) 1 d) $\frac{5}{y^3}$ e) $\frac{4}{x^3}$

30. A, C, E

31. E

32. a) x^{-r} b) y^{36k} c) z^{4r} d) 1 e) $(a+1)^{-2}$

33. Musteraufgabe

34. a) $\frac{y^3}{x^3}$ b) $\frac{9}{a^8}$ c) $\frac{2b^4}{a^3}$ d) $5^4a^4b^8$ e) $\frac{5^5}{2^5x^{15}y^5}$

35. a) $\frac{z^4}{16}$ b) $\frac{9}{a^4}$ c) $\frac{c^5}{a^5b^5}$ d) $\frac{64}{x^3y^6}$ e) $\frac{c^6d^{24}}{a^{12}b^{18}}$

36. a) x^5 b) a^6 c) a^2 d) $\frac{z^4}{3x^2y^8}$

37. B, C, E

38. A, C, D

39. a) $\frac{3}{a^4 b^3}$ b) $\frac{5a^7}{b^2}$ c) $\frac{1}{x^{12} y^6 z}$ d) $\frac{x^8}{y^2}$

40. a) $\frac{y^5}{27x^7}$ b) $\frac{4x^6}{9}$ c) $\frac{y^6}{x^9 z^3}$ d) $\frac{1}{16x^4 y}$

41. a) $\frac{1024y^{10}}{25x^8}$ b) $\frac{-27x^{25}}{y^{11}}$ c) $\frac{-4x^3 y^{13}}{27}$ d) $\frac{a^3 x^7}{b^{13} y^{16}}$ e) $\frac{1}{162a^6 b^{16}}$ f) $4a^2 b$

42. a) B, D b) $4 \cdot 10^8$ Atome

43. a) $2{,}985 \cdot 10^{26}$ Neuronen b) $2{,}985 \cdot 10^{25}$ c) $2{,}985 \cdot 10^{24}$

44. a) $7{,}2 \cdot 10^{-3}$ km/h b) $0{,}002\,m/s = 2 \cdot 10^{-3}\,m/s$ c) 1250 h

45. a) 500 mm = 5 dm b) $1{,}389 \cdot 10^6$ Scheine

46. Energie : Zeit = $1{,}5 \cdot 104\,Ws : 5 \cdot 10^{-9}\,s = 3 \cdot 10^{12}\,W$

47. a) $1{,}5 \cdot 10^{11}\,m = 15 \cdot 10^{10}\,m$ b) $500\,s \approx 8{,}3\,min$

48. $6{,}48 \cdot 10^9$ km

49. $4 \cdot 10^6$ Tropfen

50. z. B. $(a+b)(a+b) = a^2 + ab + ab + b^2 = a^2 + 2ab + b^2$

51.
a) $a^6 + 6a^5 b + 15a^4 b^2 + 20a^3 b^3 + 15a^2 b^4 + 6ab^5 + b^6$
b) $a^7 + 7a^6 b + 21a^5 b^2 + 35a^4 b^3 + 35a^3 b^4 + 21a^2 b^5 + 7ab^6 + b^7$
c) $a^4 - 4a^3 b + 6a^2 b^2 - 4ab^3 + b^4$
d) $a^5 - 5a^4 b + 10a^3 b^2 - 10a^2 b^3 + 5ab^4 - b^5$
e) $16a^4 + 32a^3 b + 24a^2 b^2 + 8ab^3 + b^4$
f) $a^3 - 9a^2 b + 27ab^2 - 27b^3$

52.
a) $8 - 12a^2 b + 6a^4 b^2 - a^6 b^3$
b) $a^4 + 12a^3 b^2 + 54a^2 b^4 + 108ab^6 + 81b^8$
c) $-b^{15} + 5b^{12} - 10b^9 + 10b^6 - 5b^3 + 1$
d) $a^6 b^{12} + 6a^5 b^{10} + 15a^4 b^8 + 20a^3 b^6 + 15a^2 b^4 + 6ab^2 + 1$
e) $a^7 + 14a^6 b^2 + 84a^5 b^4 + 280a^4 b^6 + 560a^3 b^8 + 672a^2 b^{10} + 448ab^{12} + 128b^{14}$

53. a) 12 b) 25 c) 2 d) 5 e) 3 f) 10

54. a) a b) a^4 c) a d) a^3 e) a f) a^2

55. Musteraufgabe

56. a) $\sqrt[7]{x}$ b) $\sqrt[5]{x^2}$ c) $\sqrt[4]{x^3}$ d) $\sqrt[3]{x}$

e) $\frac{1}{\sqrt[9]{x^4}}$ f) $\frac{1}{\sqrt[7]{x^5}}$ g) $\frac{1}{\sqrt[12]{x^{11}}}$ h) $\frac{1}{\sqrt[8]{x}}$

57. a) $x^{\frac{1}{4}}$ b) $x^{\frac{7}{8}}$ c) $x^{\frac{2}{9}}$ d) $x^{\frac{5}{3}}$

e) $x^{-\frac{4}{7}}$ f) $x^{-\frac{1}{10}}$ g) $x^{-\frac{6}{11}}$ h) $x^{-\frac{8}{3}}$

58. a) $\sqrt[5]{x^4}$ b) $\sqrt[4]{y}$ c) $x^{\frac{3r}{4}}$ d) $\sqrt{a+b}$

e) $x^{\frac{f}{e}}$ f) $\sqrt[10]{10^7}$ g) $\sqrt[4]{x^a}$

59. a) A, D b) C, E

60. a) $\sqrt[4]{3^3}$ b) $\sqrt[7]{5^4}$ c) $\sqrt[7]{2^2}$ d) $\sqrt{7}$ e) $\frac{4}{9}$ f) $\frac{1}{\sqrt[5]{3^2}}$ g) 8 h) $\frac{1}{\sqrt[6]{2}}$ i) $\frac{1}{\sqrt[5]{2^3}}$ j) 1

61. Musteraufgabe

62. a) $a^{\frac{1}{5}} \cdot b^{\frac{1}{5}}$ b) $x^{\frac{1}{3}} \cdot y^{\frac{1}{3}} \cdot z^{\frac{1}{3}}$ c) $\frac{a^{\frac{1}{6}}}{b^{\frac{1}{6}}}$ d) $\frac{x^{\frac{1}{7}} \cdot y^{\frac{1}{7}}}{z^{\frac{1}{7}}}$ e) $\frac{2^{\frac{1}{8}}}{a^{\frac{1}{8}} \cdot b^{\frac{1}{8}} \cdot c^{\frac{1}{8}}}$

63. a) $a^{\frac{3}{4}} \cdot b^{\frac{3}{4}}$ b) $x^{\frac{2}{9}} \cdot y^{\frac{4}{9}} \cdot z^{\frac{1}{9}}$ c) $\frac{a^{\frac{7}{8}}}{b^{\frac{5}{8}}}$ d) $\frac{x^{\frac{1}{6}} \cdot y^{\frac{5}{6}}}{z^{\frac{1}{3}}}$ e) $\frac{a^{\frac{2}{7}} \cdot b^{\frac{3}{7}} \cdot c^{\frac{4}{7}}}{10^{\frac{1}{7}}}$

64. a) $x^2\sqrt{x}$ b) $x^2\sqrt[3]{x}$ c) $x^2\sqrt[4]{x}$ d) x^2 e) $x\sqrt[6]{x^5}$

65. Musteraufgabe

66. a) $7x\sqrt{y}$ b) $y^2\sqrt{5x}$ c) $\frac{\sqrt{x}}{y}$ d) $\frac{xy^2}{5}$ e) $\frac{x}{\sqrt{x}}$

67. a) $ab^2\sqrt[3]{2b}$ b) $ab\sqrt[4]{ab^3}$ c) $\frac{a\sqrt[5]{a^4}}{b^2}$ d) $\frac{bc\sqrt[6]{a^5c}}{2}$ e) $\frac{a^2\sqrt[7]{4b}}{c}$

68. Musteraufgabe

69. a) $\sqrt{32a^2b}$ b) $\sqrt[3]{a^7b^4}$ c) $\sqrt[4]{16b^{11}}$ d) $\sqrt{\frac{3a^5b^3}{4}}$ e) $\sqrt[3]{\frac{b}{3}}$

70. Musteraufgabe

71. a) $\sqrt[6]{4x^{11}y^{19}}$ b) $\sqrt[9]{128x^{10}y^7}$ c) $\sqrt[4]{75x^7y^2z^7}$ d) $\sqrt[15]{256x^8y^8}$

72. a) $\sqrt[m]{\sqrt[n]{a}} = \sqrt[m]{a^{\frac{1}{n}}} = \left(a^{\frac{1}{n}}\right)^{\frac{1}{m}} = a^{\frac{1}{n} \cdot \frac{1}{m}} = a^{\frac{1}{m} \cdot \frac{1}{n}} = (\sqrt[m]{a})^{\frac{1}{n}} = \sqrt[n]{\sqrt[m]{a}}$ b) $(\sqrt[n]{a})^k = \left(a^{\frac{1}{n}}\right)^k = a^{\frac{k}{n}} = (a^k)^{\frac{1}{n}} = \sqrt[n]{a^k}$

73. $\sqrt[a]{x} \cdot \sqrt[b]{x} = x^{\frac{1}{a}} \cdot x^{\frac{1}{b}} = x^{\frac{1}{a} + \frac{1}{b}} = x^{\frac{b+a}{ab}} = \sqrt[ab]{x^{a+b}}$
Potenzen mit gleicher Basis werden multipliziert, in dem man die Basis mit der Summe der Exponenten potenziert. Hier wurden die Exponenten multipliziert. Das ist der Fehler.

74. a) 2,665 b) 11,665 c) 16,242 d) 77,571
e) 29,836 f) 358,364 g) 442,335

75. a) $m = \varrho \cdot V = 1{,}408 \cdot 1{,}41 \cdot 10^{33}\,g = 1{,}985 \cdot 10^{33}\,g = 1{,}985 \cdot 10^{30}\,kg$ b) $\frac{56}{64} \cdot 100 = 87{,}5\,\%$
Der Durchmesser des Heliumatoms ist um 12,5 % kleiner als der des Wasserstoffatoms.
$0{,}018 \cdot 10^{10}$ Heliumatome würden nebeneinander 1 cm ergeben.
c) $150\,000\,000 : 300\,000 = 500\,s \approx 8{,}3\,min$
d) (1) $O = 4 \cdot (1{,}5 \cdot 10^8)^2 \cdot \pi \approx 2{,}827 \cdot 10^{17}\,km^2 \approx 2{,}827 \cdot 10^{23}\,m^2$
(2) $O \cdot 1\,kW$ … Leistung der Sonnenstrahlung, die auf die Erdoberfläche trifft (O in m^2)
e) D

76.–86. Selbstkontrolle (Lösungen im Schulbuch)

87.–92. Kompetenzcheck (Lösungen im Schulbuch)

2 Logarithmus und Exponentialgleichungen

Kapitel 2
8i5a42

93. C, D, E

94. **a)** $x=3$ **b)** $x=4$ **c)** $x=3$ **d)** $x=4$ **e)** $x=3$

95. Musteraufgabe

96. **a)** $\log_4 16=2$ **b)** $\log_{0,1} 0{,}001=3$ **c)** $\log_{\frac{2}{3}} \frac{16}{81}=4$ **d)** $\log_{0,5} 0{,}03125=5$ **e)** $\log_{\frac{1}{3}} \frac{1}{27}=3$

97. **a)** $4^5=1024$ **b)** $10^3=1000$ **c)** $\left(\frac{1}{4}\right)^3=\frac{1}{64}$ **d)** $2^6=64$ **e)** $\left(\frac{1}{2}\right)^4=0{,}0625$

98. D

99. Musteraufgabe

100. **a)** 2 **b)** 5 **c)** 2 **d)** 5 **e)** 4 **f)** 1 **g)** 2 **h)** 4 **i)** 4 **j)** 3

101. Musteraufgabe

102. **a)** -1 **b)** -2 **c)** -3 **d)** -3 **e)** -2 **f)** -3 **g)** $\frac{1}{2}$ **h)** $\frac{2}{3}$ **i)** $-\frac{2}{3}$ **j)** $-\frac{1}{2}$ **k)** $-\frac{3}{2}$ **l)** $-\frac{1}{5}$

103. B, E

104. Musteraufgabe

105. **a)** $\frac{3}{2}$ **b)** $-\frac{1}{2}$ **c)** $\frac{6}{5}$ **d)** $\frac{1}{2}$ **e)** $\frac{1}{3}$ **f)** $\frac{3}{2}$

106. **a)** $x^2=25$, $x=5$ **b)** $x^3=5$, $x=\sqrt[3]{5}$ **c)** $3^2=x$, $9=x$ **d)** $5^{-2}=x$, $\frac{1}{25}=x$ **e)** $10^x=0{,}01$, $x=-2$ **f)** $\left(\frac{2}{7}\right)^x=\frac{49}{4}$, $x=-2$

107. Musteraufgabe

108. **a)** $a^x=a^1$, $x=1$ **b)** $a^x=a^7$, $x=7$ **c)** $a^x=a^{-3}$, $x=-3$ **d)** $a^x=a^{\frac{1}{2}}$, $x=\frac{1}{2}$ **e)** $a^x=a^{\frac{1}{4}}$, $x=\frac{1}{4}$ **f)** $a^x=a^{-\frac{1}{3}}$, $x=-\frac{1}{3}$

109. **a)** $\log_a 0=x \Leftrightarrow a^x=0$
Es gibt keine reelle Zahl x, für die a^x ($a \in \mathbb{R}^+/\{1\}$) 0 wird.
b) $\log_a 1=0 \Leftrightarrow a^0=1$ (laut Definition)
c) $\log_{10} a=x \Leftrightarrow 10^x=a$
Für alle negativen reellen x liegt $a=10^x=\frac{1}{10^{-x}}$ zwischen 0 und 1.
D.h. umgekehrt, dass $\log_{10} a$ für $0<a<1$ negativ ist.

110. **a)** 3,5608… **b)** 2,0437… **c)** 2,1699… **d)** −0,3374…

111. Musteraufgabe

112. **a)** −0,3010 **b)** −1,3010 **c)** 0,3979 **d)** −0,7985 **e)** 0,5878 **f)** −0,4055

113. **a)** $\log_a\left(\frac{b}{c}\right)=\log_a\left(\frac{a^{\log_a b}}{a^{\log_a c}}\right)=\log_a\left(a^{\log_a b-\log_a c}\right)=\log_a b-\log_a c$

b) $\log_a(b^r)=\log_a\left(\left(a^{\log_a b}\right)^r\right)=\log_a\left(a^{r\cdot\log_a b}\right)=r\cdot\log_a b$

114. Musteraufgabe

115. a) $\log a + \log b$ b) $\log a - \log b$ c) $\log 2 + 3\log b$ d) $3\log a + 4\log b$ e) $4\log a - 2\log b$ f) $\log 3 + \log a + 7\log b - 4\log c$ g) $\log(a+b) - \log(c-d)$

116. a) $\log 2 + \log r + \log s$ b) $\log 5 - \log a - \log b$ c) $2\log x + 3\log y$ d) $\log 7 + \log x + \log y - \log 2 - 4\log z$ e) $\frac{1}{3}(\log 9 + \log c + \log d)$ f) $\log x + \frac{1}{2}\log y$

117. a) $\frac{3}{2}$ b) $\frac{7}{2}$ c) $\frac{14}{3}$ d) -1 e) $\frac{5}{2}$

118. a) $\frac{1}{2}(\log 2 + 3\log x + \log(y-z))$ b) $\frac{1}{5}(\log 3 - \log x - 4\log y)$ c) $\log(x-y) + \log(x+y) - \frac{1}{2}\log z$

d) $4\log x + \frac{1}{3}(\log 4 + \log x - 2\log(y-z)) = \frac{13}{3}\log x + \frac{1}{3}\log 4 - \frac{2}{3}\log(y-z)$

119. a) 1C 2E 3F 4A b) 1F 2A 3D 4C

120. Musteraufgabe

121. a) $\log\frac{4b}{a}$ b) $\log\frac{5x^2}{y^4}$ c) $\log\frac{5x^3(x-y)}{y}$ d) $\log 7x^3 \cdot \sqrt[3]{x+y}$ e) $\log x\sqrt{y} \cdot \sqrt[4]{x-y}$ f) $\log\sqrt{\frac{xz}{y}}$ g) $\log\sqrt[4]{\frac{2x^7}{y^5(x-y)^3}}$ h) $\log\frac{\sqrt[3]{x^2}}{\sqrt{x^2-y^2}}$

122. D

123. Musteraufgabe

124. a) 1,302 b) −0,104 c) 0,298 d) −0,099 e) −0,386

125. a) −0,839 b) 4,898 c) −0,104 d) −0,367 e) 0,896

126. a) −3,419 b) −1,803 c) 0,184 d) −0,169 e) −0,0688

127. Musteraufgabe

128. a) 7 b) 2 c) $\frac{2}{7}$ d) 5 e) $-\frac{9}{8}$ f) −1 g) −6 h) $\frac{2}{3}$

129. Musteraufgabe

130. a) 9766 Bakterien b) 10,32 h

131. a) 63 000 kJ

b) M = 4

c) $63 \cdot 10^{1,5(M+2)} = 63 \cdot 10^{1,5M+3} = 63 \cdot 10^{1,5M} \cdot 10^3 = E_M \cdot 1000$

132. a) 61,40 % b) 1,33 h

133. a) 1 Tonne

b) M = 7,2

c) $10^{1,5(M+4)-3} = 10^{1,5M+6-3} = 10^{1,5M-3} \cdot 10^6 = W_M \cdot 1\,000\,000$

d) $\lg\left(\frac{100 \cdot A(d)}{A_0(d)}\right) - \lg\left(\frac{A(d)}{A_0(d)}\right) = \underbrace{\lg 100}_{2} + \lg A(d) - \lg A_0(d) - \lg A(d) + \lg A_0(d) = 2$

e) $a^x = b$ | logarithmieren

$x \ln a = \ln b$

$x = \frac{\ln b}{\ln a} = \log_a b$

134.–142. Selbstkontrolle (Lösungen im Schulbuch)

3 Ungleichungen

Kapitel 3
2f68x7

143. a) (3; 9) b) (–4; 4] c) [0; 11) d) (–∞; –1,6]

144. a) 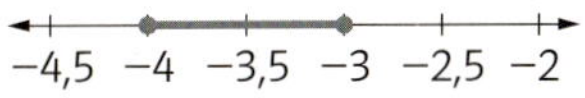

b) 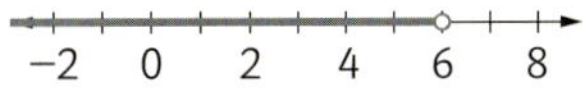

c) 

d) 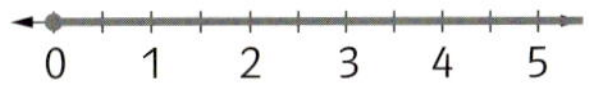

e) 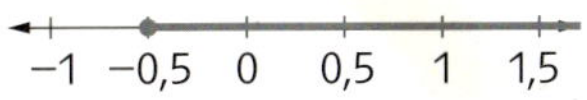

f) 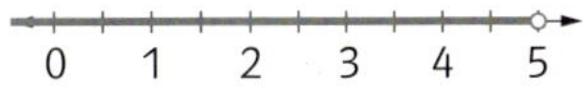

145. Musteraufgabe

146. a) $\{x \in \mathbb{N} \mid x \geqslant 8\}$ b) $\{x \in \mathbb{Z} \mid x < -2\}$ c) $(-\infty; 1] = \{x \in \mathbb{R} \mid x \leqslant 1\}$ d) $\{x \in \mathbb{Z} \mid x < -1{,}25\}$

147. a) $\{x \in \mathbb{R} \mid x < -12\} = (-\infty; -12)$
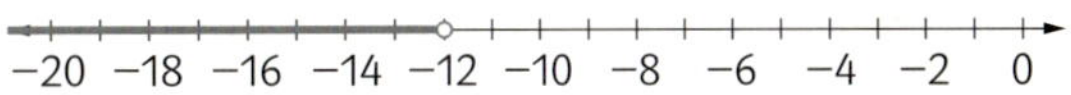

b) $\{x \in \mathbb{R} \mid x \geqslant -2\} = [-2; \infty)$
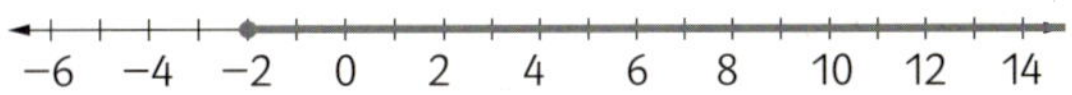

c) $\{x \in \mathbb{R} \mid x \geqslant -2{,}5\} = [-2{,}5; \infty)$
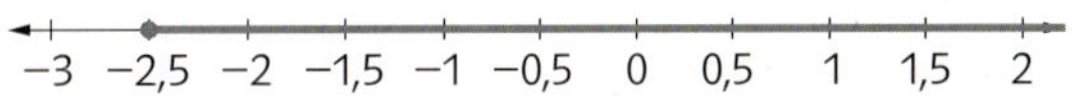

d) $\{x \in \mathbb{R} \mid x > -1\} = (-1; \infty)$
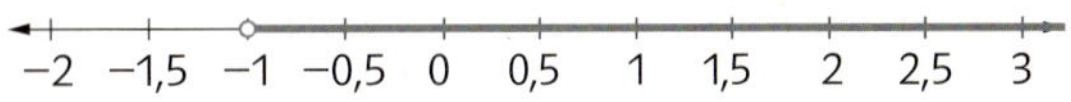

e) $\{x \in \mathbb{R} \mid x < 6\} = (-\infty; 6)$
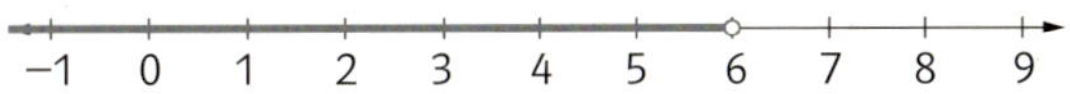

f) $\{x \in \mathbb{R} \mid x \leqslant -16{,}5\} = (-\infty; -16{,}5]$
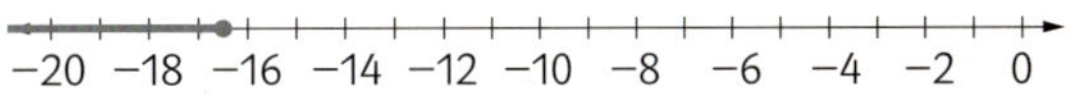

148. 1B 2E 3D 4A

149. a) $\left\{x \in \mathbb{R} \mid x < \frac{5}{3}\right\} = \left(-\infty; \frac{5}{3}\right)$
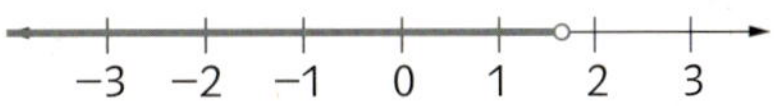

b) $\left\{x \in \mathbb{R} \mid x \leqslant -\frac{2}{5}\right\} = \left(-\infty; -\frac{2}{5}\right]$
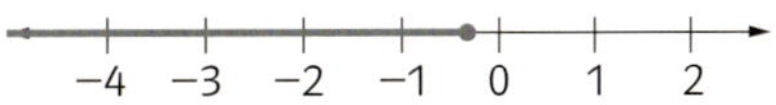

c) $\left\{x \in \mathbb{R} \mid x < \frac{5}{2}\right\} = \left(-\infty; \frac{5}{2}\right)$
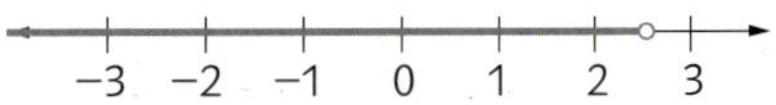

d) $\left\{x \in \mathbb{R} \mid x \leqslant \frac{1}{3}\right\} = \left(-\infty; \frac{1}{3}\right]$
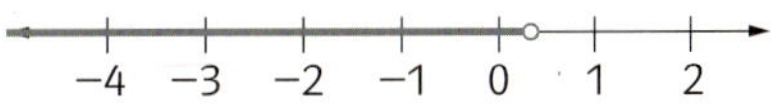

150. a) $\left\{x \in \mathbb{R} \mid x < -\frac{24}{5}\right\} = \left(-\infty; -\frac{24}{5}\right)$
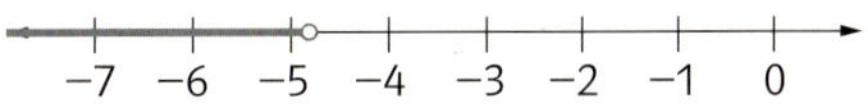

b) $\left\{x \in \mathbb{R} \mid x \geqslant -\frac{7}{4}\right\} = \left[-\frac{7}{4}; \infty\right)$
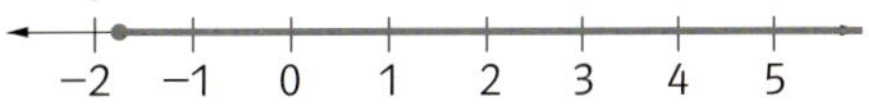

c) $\left\{x \in \mathbb{R} \mid x > -\frac{14}{9}\right\} = \left(-\frac{14}{9}; \infty\right)$
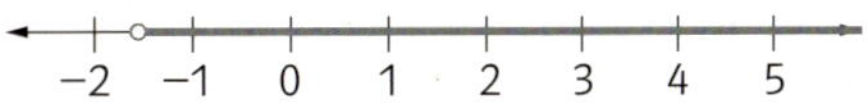

d) $\left\{x \in \mathbb{R} \mid x \leqslant \frac{3}{8}\right\} = \left(-\infty; \frac{3}{8}\right]$
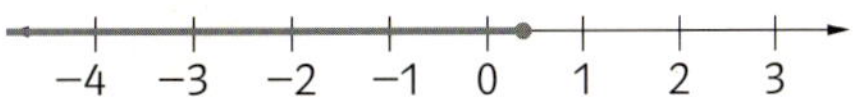

151. Musteraufgabe

152. a) $L = \{x \in \mathbb{R} \mid 0 \leq x < 14\}$

b) $L = \{x \in \mathbb{R} \mid \frac{4}{3} \leq x \leq 3\}$

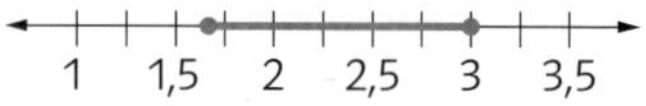

c) $L = \{x \in \mathbb{R} \mid 5 < x < 6\}$

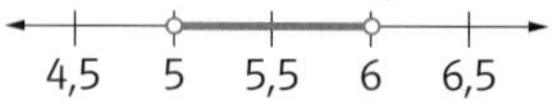

d) $L = \{x \in \mathbb{R} \mid -5 \leq x < 1\}$

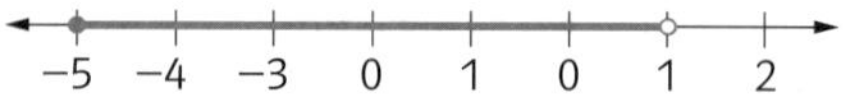

e) $L = \left\{x \in \mathbb{R} \mid 0 < x < \frac{1}{2}\right\}$

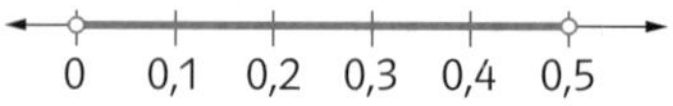

f) $L = \{x \in \mathbb{R} \mid 0 \leq x < 14\}$

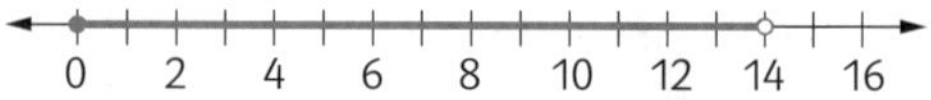

153. a) $L = \left\{x \in \mathbb{R} \mid x \leq -\frac{7}{3}\right\}$

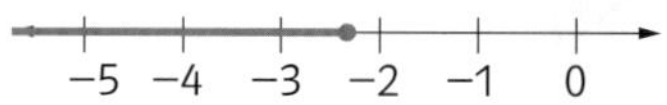

b) $L = \left\{x \in \mathbb{R} \mid x \leq -\frac{11}{2}\right\}$

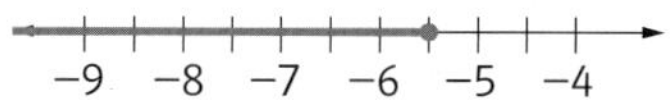

c) $L = \left\{x \in \mathbb{R} \mid x \leq -\frac{7}{3}\right\}$

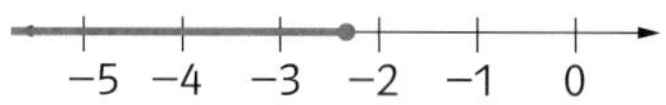

d) $L = \{x \in \mathbb{R} \mid x \geq 5\}$

154. a) F b) D

155. Musteraufgabe

156. a) $h \leq 20\,\text{cm}$ $G = \mathbb{R}^+$ b) $h \leq 12\,\text{cm}$ $G = \mathbb{R}^+$

157. a) $a^2 - (a-3)^2 > 327 \Rightarrow a > 56\,\text{cm}$ $G = \mathbb{R}^+$ b) $a > 66\,\text{cm}$ $G = \mathbb{R}^+$

158. a) $a > 8{,}6$ $G = \mathbb{R}$ b) $a > -8$ $G = \mathbb{R}$ c) $a \leq 52$ $G = \mathbb{R}$ d) $a < 7$ $G = \mathbb{R}$

159. a) $x \leq 100$ $G = \mathbb{R}_0^+$ höchstens 100 SMS b) $x \leq 60$ $G = \mathbb{R}_0^+$ höchstens 60 SMS

160. $(x - 300) \cdot 0{,}9 < (x - 200) \cdot 0{,}85$ $G = \{x \in \mathbb{R} \mid x > 300\}$
Bei der gegebenen Grundmenge G ergibt sich für x: $300 < x < 2000$
Unter einem Schaden von 2000 €

161. $x > 40$ Bei einer Stückzahl von über 30. $G = \mathbb{R}_0^+$

162. a) A ist günstiger bei einem Verbrauch von über 28,57 kWh.
b) A ist günstiger bei einem Verbrauch von über 70,92 kWh.

163. Musteraufgabe

164. a)

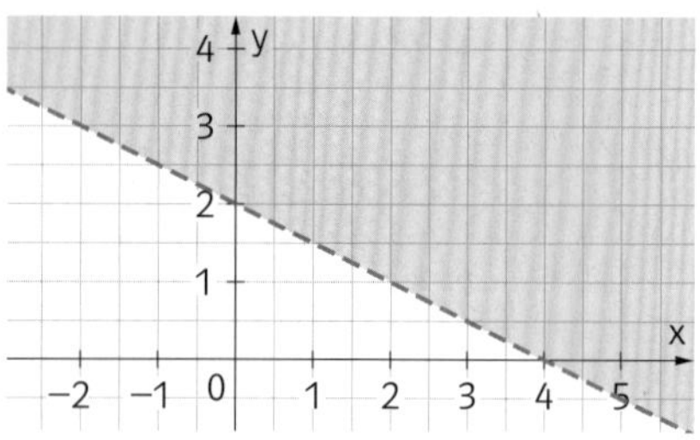

b)

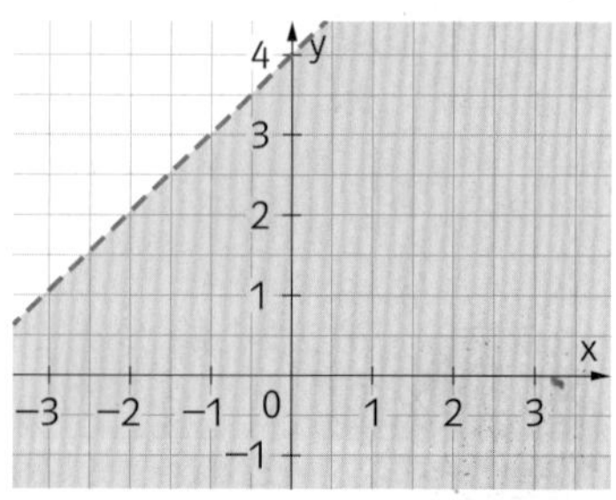

c)
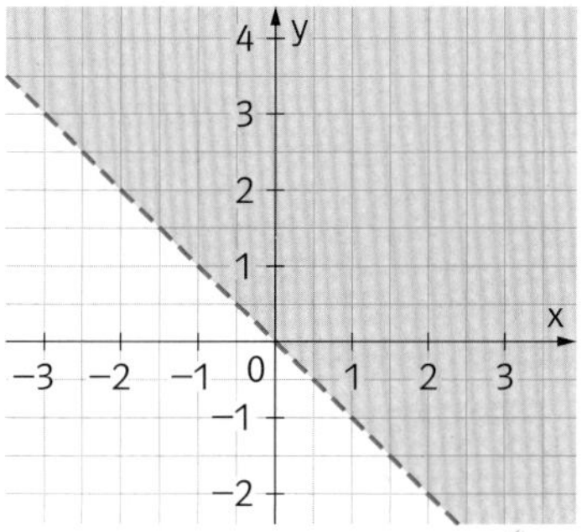

d)
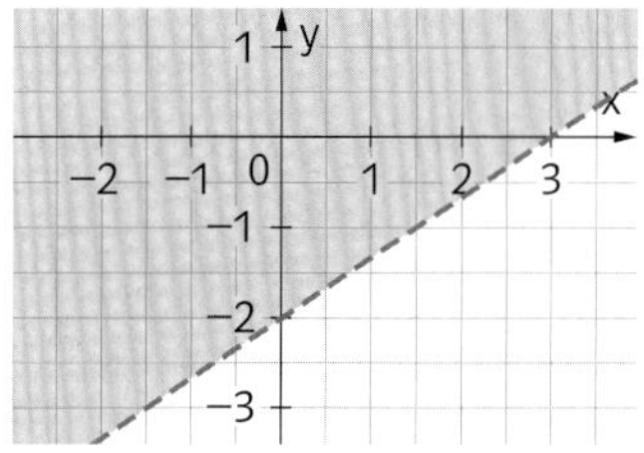

e)
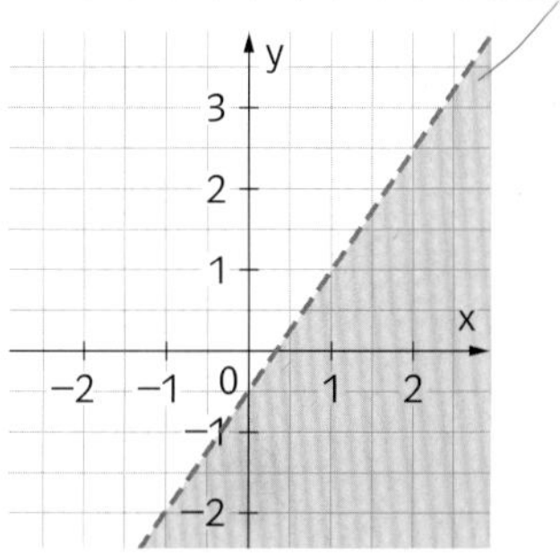

165. 1B 2F 3E 4C

166. a)
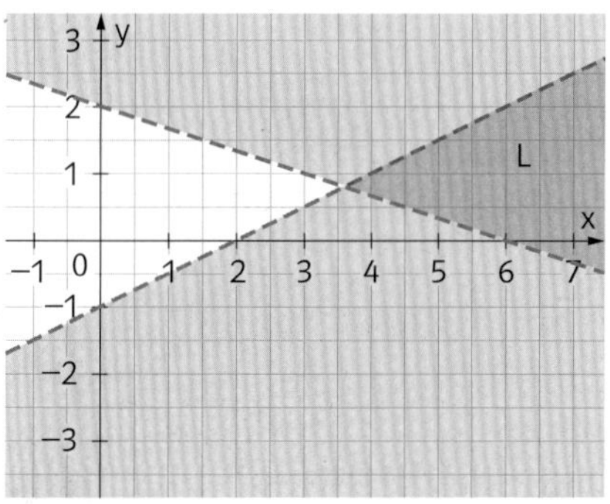

b)
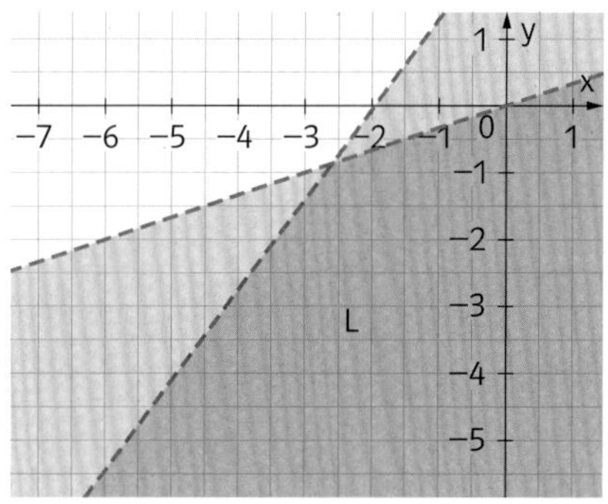

c)
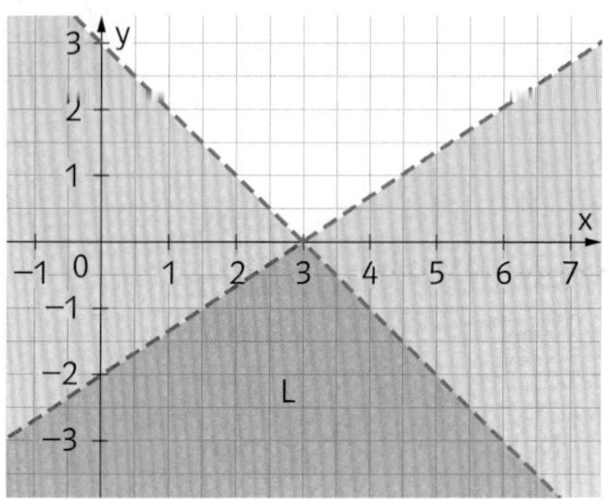

167.
a) $y \leq x - 2 \quad \wedge \quad y \geq -x + 1$
b) $y < 2x - 2 \quad \wedge \quad y \geq 0{,}5x + 1$
c) $y < 2 \quad \wedge \quad y < -\frac{1}{3}x + 2$
d) $y \leq 1 \quad \wedge \quad x \geq -1$

168.
a) $(x-3)(x+4)$
b) $(x-6)(x-1)$
c) $2(x-3)(x-0{,}5)$
d) $4(x+1{,}5)(x+2{,}5)$
e) $3(x+7)\left(x-\frac{1}{3}\right)$

169. Musteraufgabe

170. **a)** L = [−4; −1]

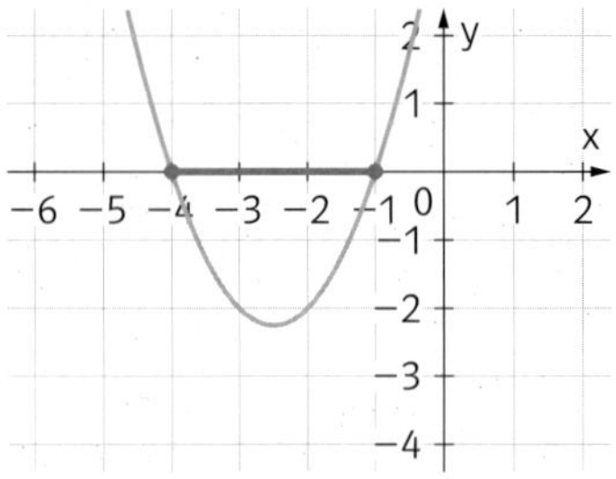

c) L = (−2; 4)

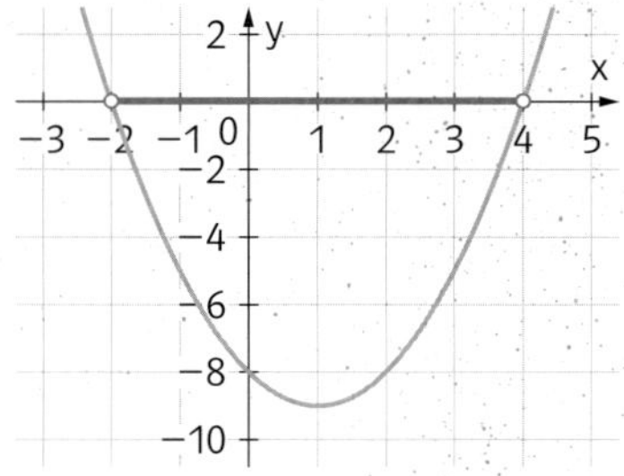

b) L = (−5; 1)

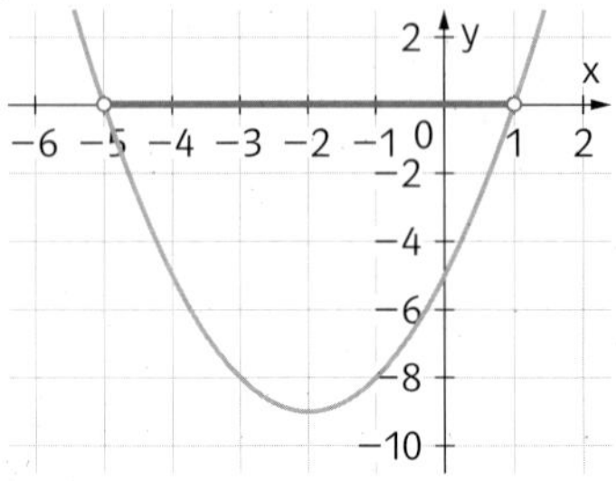

d) L = [−6; 3]

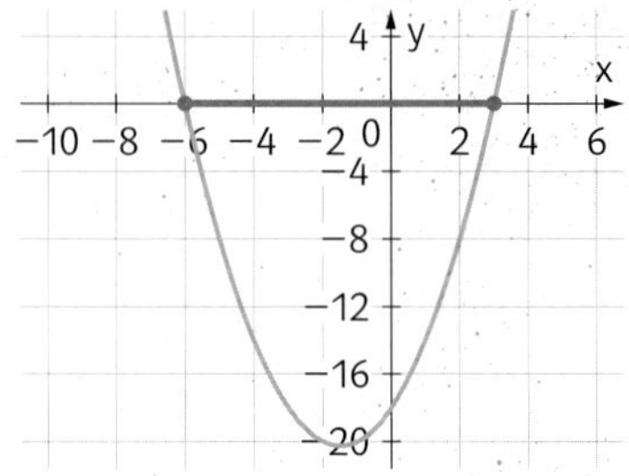

171. **a)** L = [−1,5; 0,2]

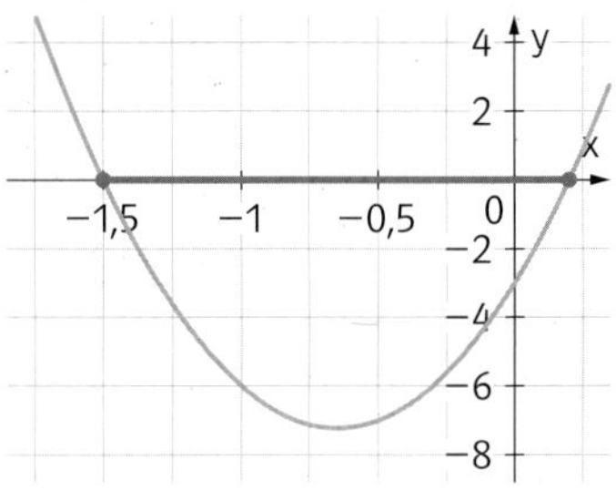

c) L = (−1,5; −1,25)

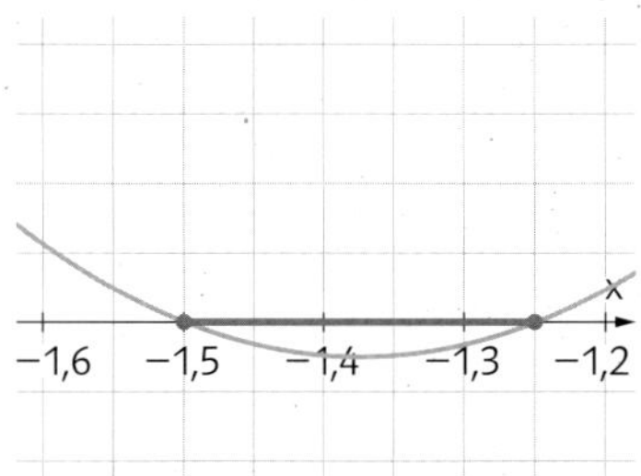

b) L = (−∞; −2,5) ∪ (1; ∞)

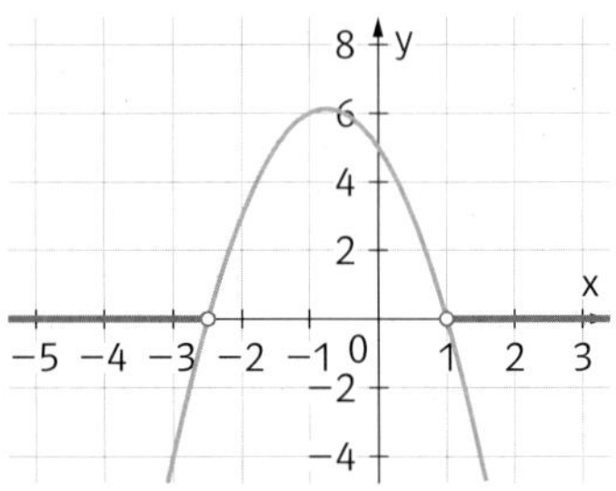

d) L = (−∞; −5,5] ∪ [3; ∞)

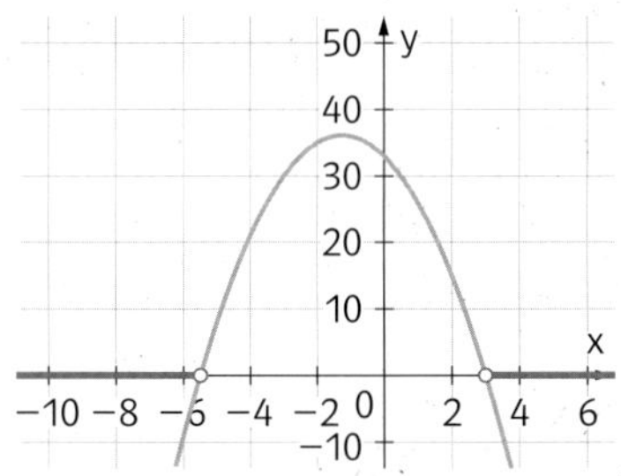

172. Musteraufgabe

173. **a)** L = (−∞; 2) ∪ (3; ∞) **b)** L = (−∞; −6) ∪ (2; ∞) **c)** L = (−∞; 0] ∪ [4; ∞) **d)** L = (−∞; −5) ∪ (5; ∞)

174. **a)** L = (−∞; −4) ∪ (1; ∞)

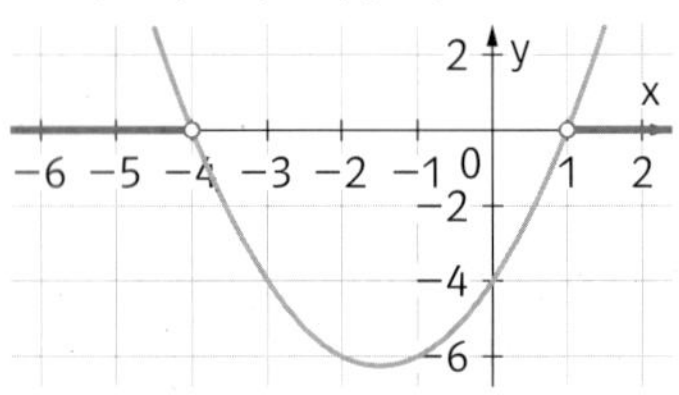

c) L = (−∞; −1,5] ∪ [4; ∞)

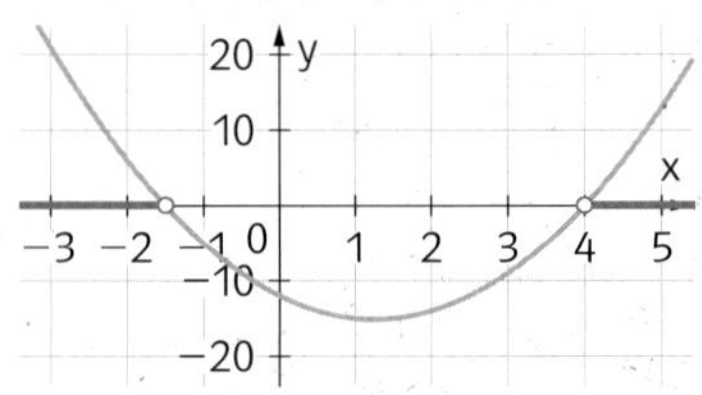

b) L = [−2; 5]

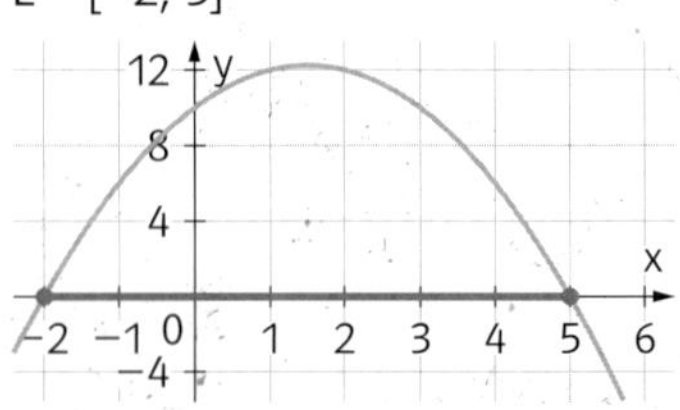

d) L = (−6; 0,25)

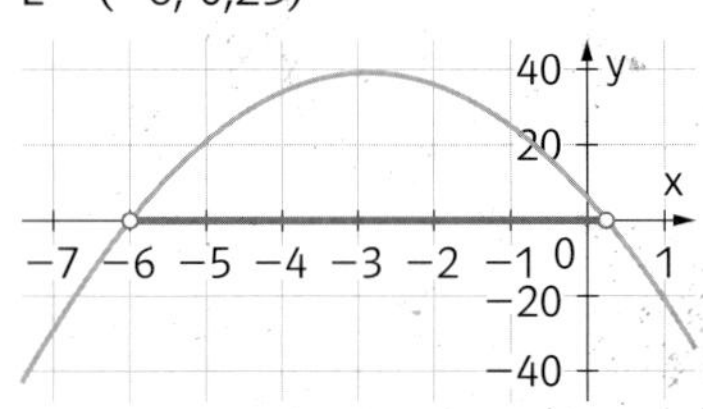

175. Musteraufgabe

176. **a)** $L = (-\infty; 3) \cup (3{,}5; \infty)$

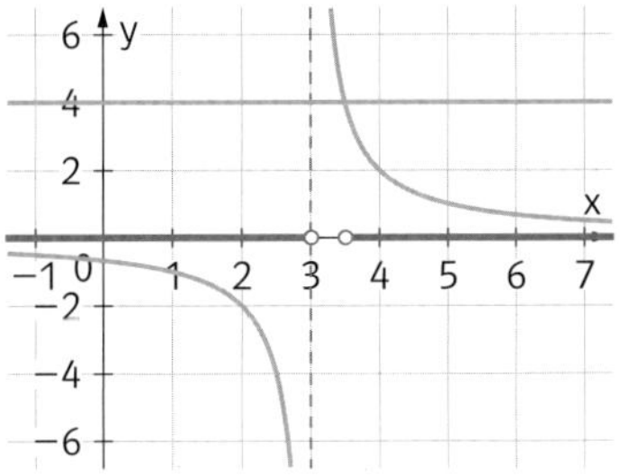

b) $L = (2; 2{,}25)$

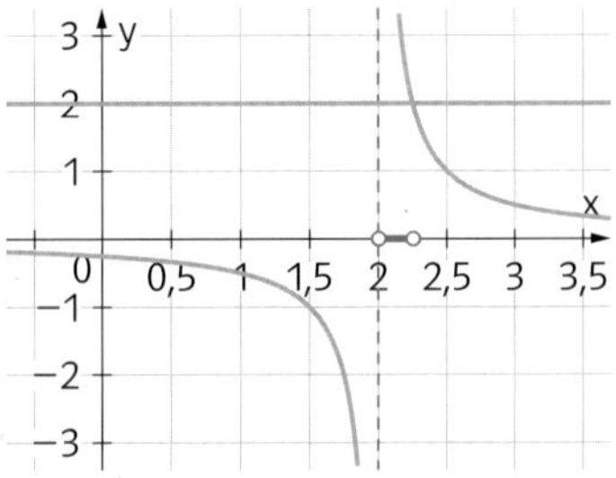

c) $L = (-3; 0)$

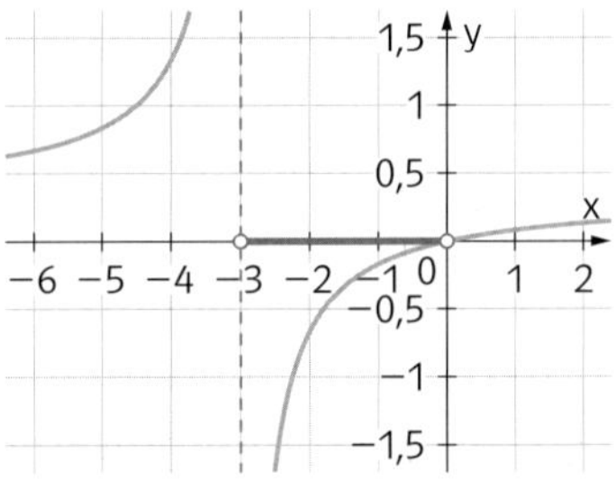

d) $L = (-\infty; -6] \cup (-4; \infty)$

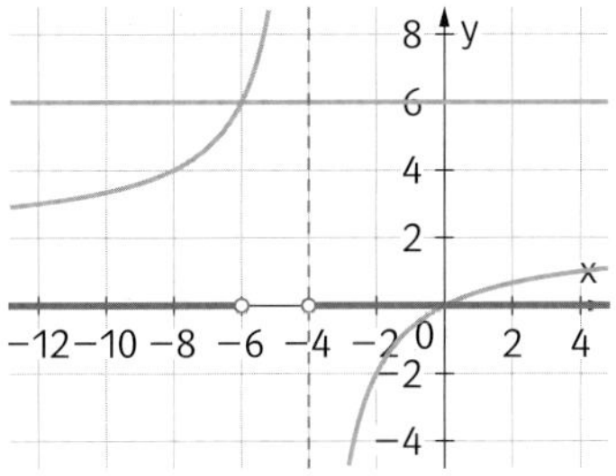

e) $L = (-\infty; -3) \cup (2; \infty)$

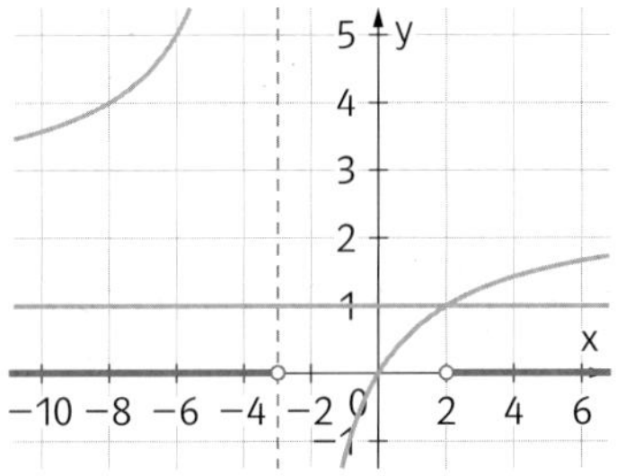

f) $L = (0{,}6; 2)$

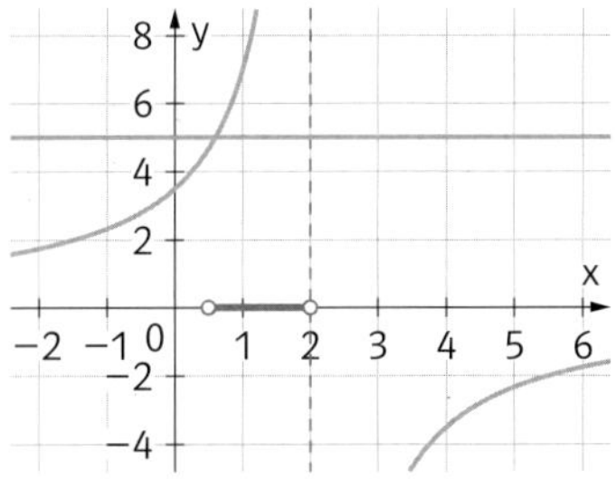

177. Musteraufgabe

178. **a)** $L = (-5; 5)$

b) $L = (-\infty; -2] \cup [2; \infty)$

c) $L = [-8; 8]$

d) $L = (-\infty; -3) \cup (3; \infty)$

e) $L = (-\infty; -1] \cup [1; \infty)$

179. **a)** $L = (1; 9)$

b) $L = \left[-\frac{5}{3}; 3\right]$

c) $L = (-\infty; -3{,}5) \cup (0{,}5; \infty)$

d) $L = (-\infty; -8] \cup [14; \infty)$

e) $L = (-\infty; 1{,}25) \cup (2{,}25; \infty)$

180. a) Kosten für x Tage:

Typ 1: $y_1 = \frac{175}{365} \cdot 0{,}18x + 1199$ Typ 2: $y_2 = \frac{260}{365} \cdot 0{,}18x + 679$ Typ 3: $y_3 = \frac{289}{365} \cdot 0{,}18x + 349$

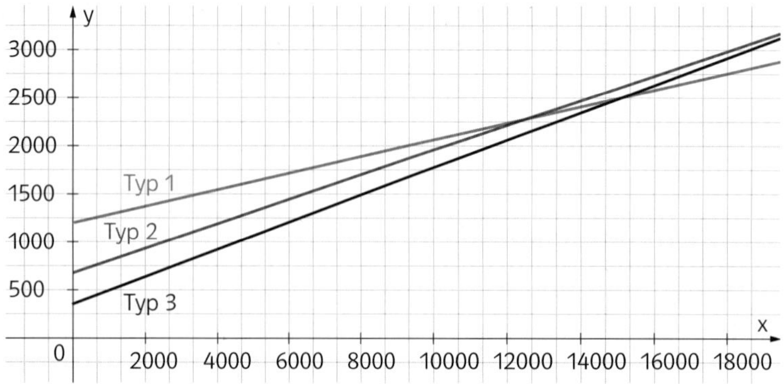

$y_1 < y_2 \quad \rightarrow \quad x > 12\,405{,}23$ Tage ≈ 12 406 Tage ≈ 34 Jahre

$y_1 < y_3 \quad \rightarrow \quad x > 15\,119{,}4$ Tage ≈ 15 120 Tage ≈ 42 Jahre

Die Zeiträume sind deutlich über der Lebenserwartung einer Kühltruhe. Bei so langen Betriebszeiten lohnt sich die Anschaffung einer Truhe vom Typ 3, da trotz der laufenden höheren Betriebskosten die Gesamtkosten unter denen der anderen Truhen liegen. Vom ökologischen Standpunkt sieht die Sache natürlich anders aus.

b) $9x + 6y \leq 360$

$8x + 8y \leq 360$

$3x + 12y \leq 360$

$x \geq 0$

$y \geq 0 \qquad x, y \in \mathbb{R}_0^+$

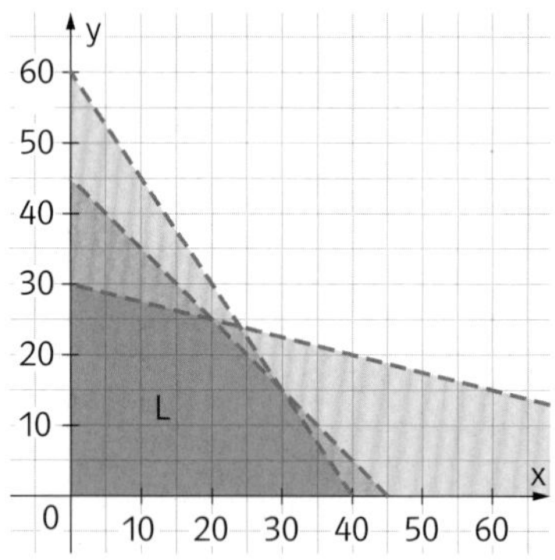

c) $5 \cdot 40 + 4a \leq 240$

$a \leq 10 \qquad a \in \mathbb{N}$

Das Zahlenpaar $(40 \mid a)$ gibt unter den gegebenen Bedingungen alle möglichen Stückzahlen für die Bauteile B_3 und B_4 an.

181.–186. Selbstkontrolle (Lösungen im Schulbuch)

187.–192. Kompetenzcheck (Lösungen im Schulbuch)

4 Untersuchen reeller Funktionen

Kapitel 4
zm97aq

193. a) 1) 5 2) bei −3 und 1 3) −5 bzw. 3
b) 1) 2 2) bei −1 3) keine

194. a) z.B.

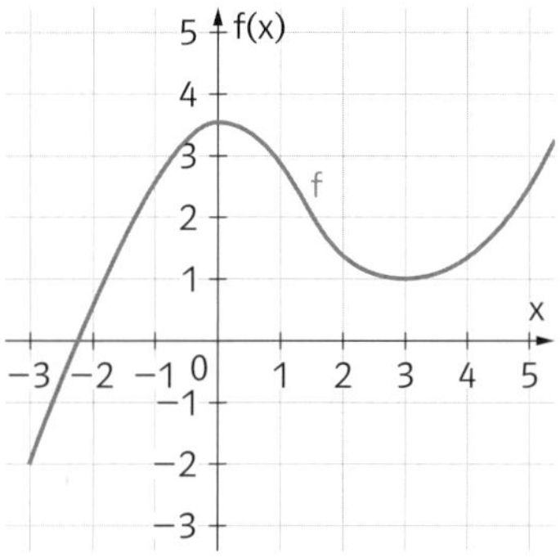

b) z.B.

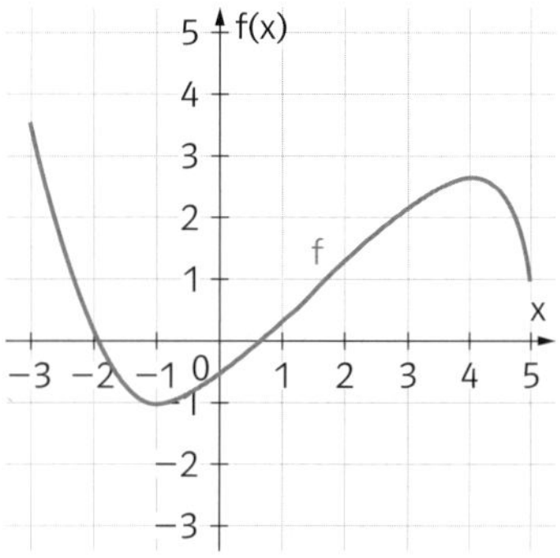

c) z.B.

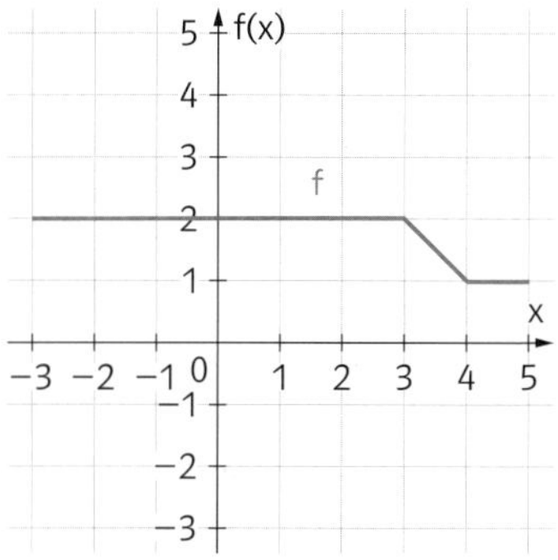

195. Musteraufgabe

196. a) 1) streng monoton steigend 2) streng monoton fallend
3) streng monoton fallend 4) nicht monoton
b) 1) streng monoton steigend 2) nicht monoton 3) nicht monoton 4) nicht monoton
c) 1) streng monoton fallend 2) konstant 3) monoton steigend 4) nicht monoton

197. A, B, D

198. Musteraufgabe

199. a) streng monoton fallend: $(-\infty; 0]$ streng monoton steigend: $[0; \infty)$
b) streng monoton steigend: $(-\infty; 0]$ streng monoton fallend: $[0; \infty)$
c) streng monoton steigend in $\mathbb{R}$
d) streng monoton fallend in $\mathbb{R}$
e) streng monoton fallend: $(-\infty; -1]$ und $[0; 1]$ streng monoton steigend: $[-1; 0]$ und $[1; \infty)$
f) streng monoton fallend: $(-\infty; 0]$ streng monoton steigend: $[0; \infty)$

200. a) Diese Aussage muss nicht richtig sein, da die Funktion im Intervall $[-3; 1]$ ihr Monotonieverhalten beliebig oft wechseln kann.
b) Diese Aussage ist richtig. Denn wäre die Funktion streng monoton fallend, dann müsste gelten: $f(-3) > f(1)$

201. a) falsch, da bei einer monoton steigenden Funktion für größer werdende x-Werte die Funktionswerte größer werden können, aber auch gleich bleiben könnten. Dies ist bei einer streng monoton steigenden Funktion nicht der Fall.
b) richtig, da bei einer streng monoton fallenden Funktion für größer werdende x-Werte die Funktionswerte kleiner werden. Dies ist bei einer monoton steigenden Funktion auch der Fall (die Funktionswerte werden kleiner oder bleiben gleich).
c) falsch, da die Funktion im Intervall $[a; b]$ beliebig oft die Monotonie wechseln könnte.
d) richtig, denn wäre die Funktion streng monoton fallend müsste gelten: $f(b) > f(a)$
e) richtig, da diese Erklärung der Definition für streng monoton fallend entspricht.

202. Es fehlen zwei wichtige Bedingungen:
(1) Die Eigenschaft muss gelten für $x_1 < x_2$.
(2) Die Eigenschaft muss für alle $x_1, x_2 \in A$ gelten.
Mit der angegebenen Definition könnte man jede nicht konstante Funktion in einem Intervall als streng monoton steigend definieren.

203. Musteraufgabe

204. a)

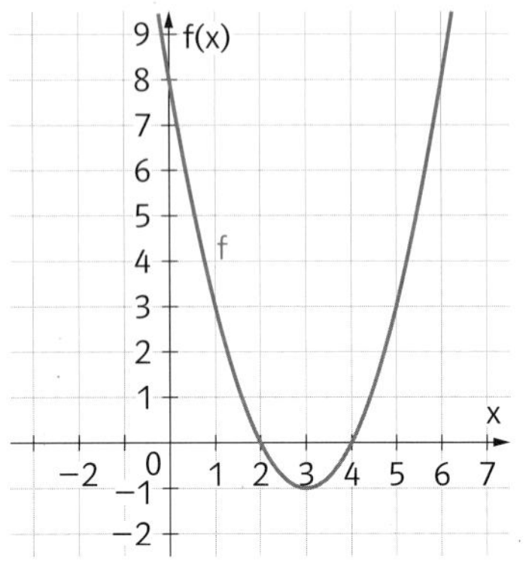

1) streng monoton fallend in $(-\infty; 3]$
streng monoton steigend in $[3; \infty)$
2) 3 3) 3

b)

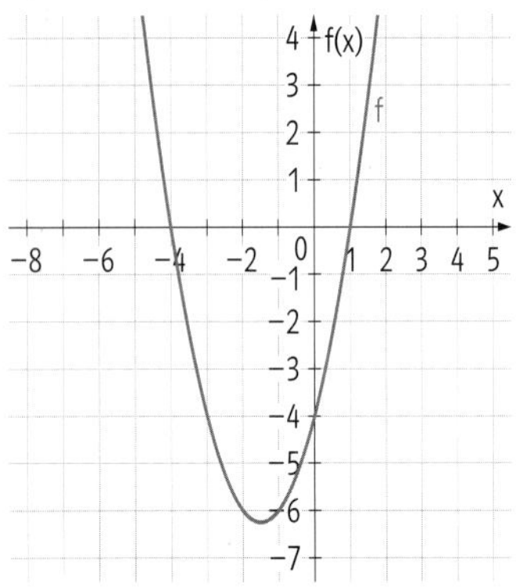

1) streng monoton fallend in $(-\infty; 1{,}5]$
streng monoton steigend in $[1{,}5; \infty)$
2) 1,5 3) 1,5

c)

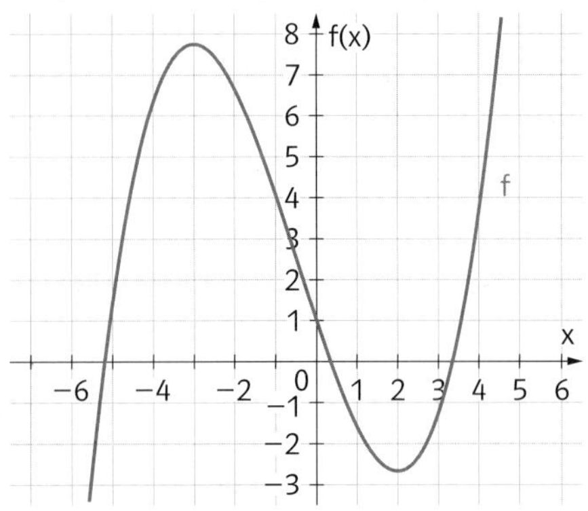

1) streng monoton fallend in $[-3; 2]$
streng monoton steigend in $(-\infty; -3]$; $[2; \infty)$
2) −3 bzw. 2 3) keine

d)

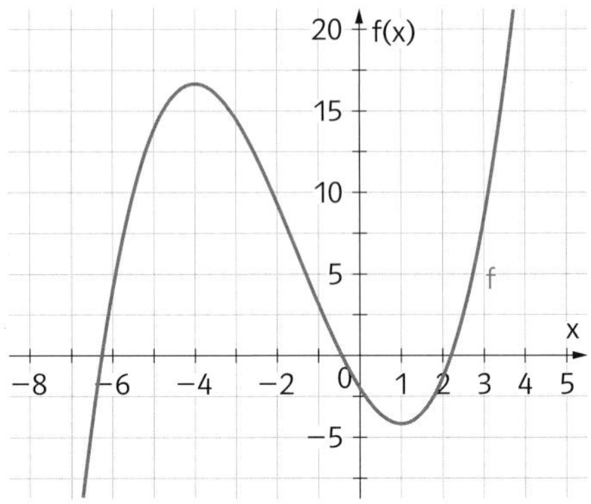

1) streng monoton fallend in $[-4; 1]$
streng monoton steigend in $(-\infty; -4]$; $[1; \infty)$
2) −4 bzw. 1 3) keine

e)

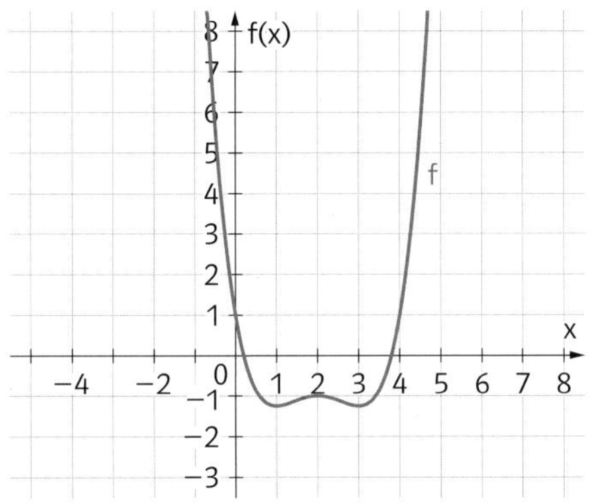

1) streng monoton fallend in $(-\infty; 1]$; $[2; 3]$
streng monoton steigend in $[1; 2]$; $[3; \infty)$
2) 1 bzw. 2 bzw. 3 3) 1 bzw. 3

f)

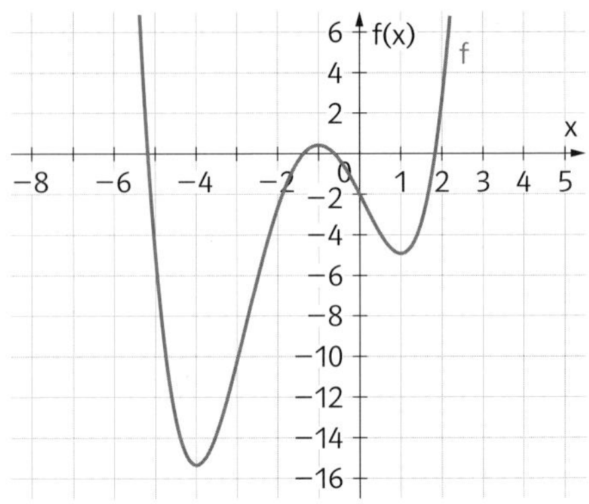

1) streng monoton fallend in $(-\infty; -4]$; $[-1; 1]$
streng monoton steigend in $[-4; -1]$; $[1; \infty)$
2) −4 bzw. −1 bzw. 1 3) −4

205. **a)** 1) streng monoton fallend in $[-6; -5]$; $[-2; 3]$ streng monoton steigend in $[-5; -2]$; $[3; 5]$
2) -5 bzw. -2 bzw. 3 3) -2 bzw. 3 bzw. 5
b) 1) streng monoton fallend in $[-6; -4]$; $[0; 3]$ streng monoton steigend in $[-4; 0]$; $[3; 5]$
2) -4 bzw. 0 bzw. 3 3) -6 bzw. -4 bzw. 5
c) 1) streng monoton fallend in $[-5; -2]$; $[3; 5]$ streng monoton steigend in $[-6; -5]$; $[-2; 3]$
2) -5 bzw. -2 bzw. 3 3) -2 bzw. 3 bzw. 5
d) 1) streng monoton fallend in $[-6; -2]$; $[2; 5]$ streng monoton steigend in $[-2; 2]$
2) -2 bzw. 2 3) -6 bzw. -2 bzw. 2

206. z. B.

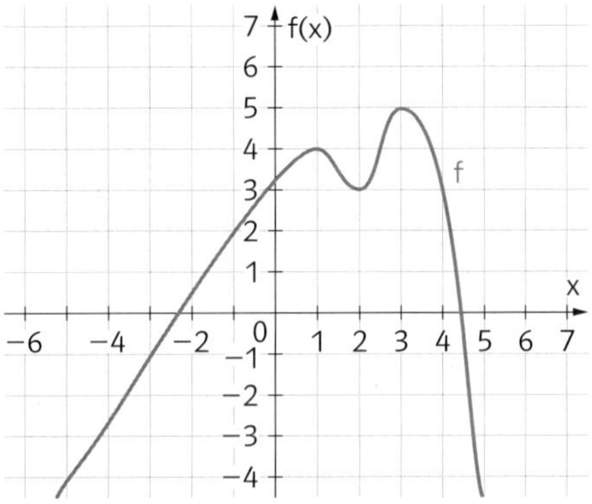

207. 1) falsch, er ist nach oben offen.
2) falsch, er hat den Wert +3.
3) richtig
4) falsch, bei $(4 \mid -3)$
5) falsch, die y-Achse

208. **a)** 1) lokales und globales Maximum bei $x = -3$
2) streng monoton steigend in $(-\infty; -3]$ streng monoton fallend in $[-3; \infty)$
b) 1) lokales und globales Minimum bei $x = -3$
2) streng monoton steigend in $[-3; \infty)$ streng monoton fallend in $[-\infty; -3]$
c) 1) lokales und globales Maximum bei $x = 9$
2) streng monoton steigend in $(-\infty; 9]$ streng monoton fallend in $[9; \infty)$
d) 1) lokales und globales Minimum bei $x = 6$
2) streng monoton steigend in $[6; \infty)$ streng monoton fallend in $[-\infty; 6]$
e) 1) lokales und globales Minimum bei $x = 3$
2) streng monoton steigend in $[3; \infty)$ streng monoton fallend in $[-\infty; 3]$
f) 1) lokales und globales Maximum bei $x = 3{,}5$
2) streng monoton steigend in $(-\infty; 3{,}5]$ streng monoton fallend in $[3{,}5; \infty)$

209. A, B, E

210. A, B, D, E

211. **a)** $h(t) = 50 + 30t - 5t^2$
b) Den höchsten Punkt erreicht der Ball nach 3 Sekunden. Dabei ist er 45 m über der Dachkante bzw. 95 m über dem Boden.
c) nach ca. 7,4 s.

d) $D = [0; 7{,}4]$

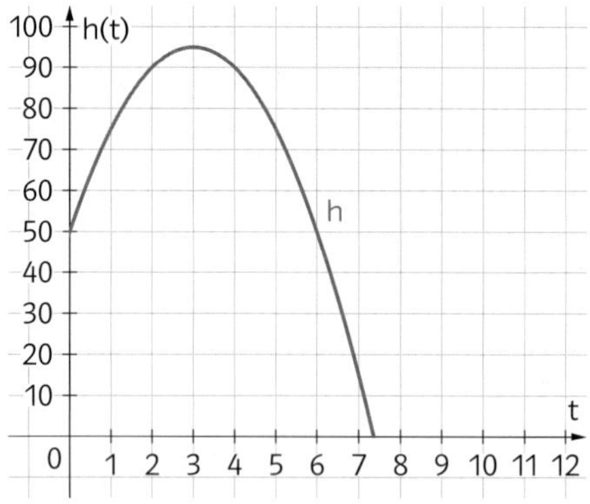

e) lokales/globales Maximum an der Stelle 3; globales Minimum an der Stelle 7,4.
streng monoton steigend in [0; 3] streng monoton fallend in [3; 7,4]

212. **a)** $h(t) = 45t - 5t^2 \quad D = [0; 9]$

b) lokales/globales Maximum an der Stelle 4,5; globale Minima an den Stellen 0 und 9
Den höchsten Punkt erreicht die Kugel nach 4,5 Sekunden. Nach 9 Sekunden ist die Kugel wieder am Boden gelandet.

c) streng monoton steigend in [0; 4,5] streng monoton fallend in [4,5; 9]
Die Kugel steigt in den ersten 4,5 Sekunden, erreicht zu diesem Zeitpunkt ihren höchsten Punkt und verliert anschließend wieder an Höhe. Nach neun Sekunden hat sie wieder den Boden erreicht.

d) $t_1 = 4\,s$ bzw. $t_2 = 5\,s$ Nach 4 s bzw. nach 5 s ist die Kugel 100 m über dem Boden.

213. Musteraufgabe

214. **a)** gerade, da für alle x aus der Definitionsmenge gilt $f(x) = f(-x)$.
b) weder gerade noch ungerade, da die Definition für gerade und ungerade Funktionen nicht erfüllt ist.
c) ungerade, da für alle x aus der Definitionsmenge gilt $f(x) = -f(-x)$.
d) gerade, da für alle x aus der Definitionsmenge gilt $f(x) = f(-x)$.

215. **a)**

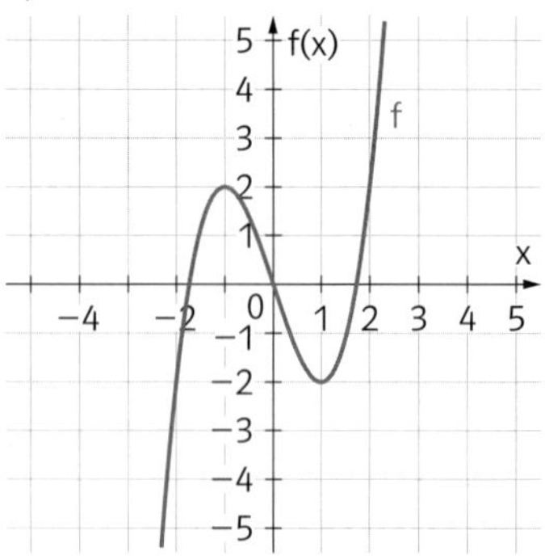

ungerade Funktion

c)

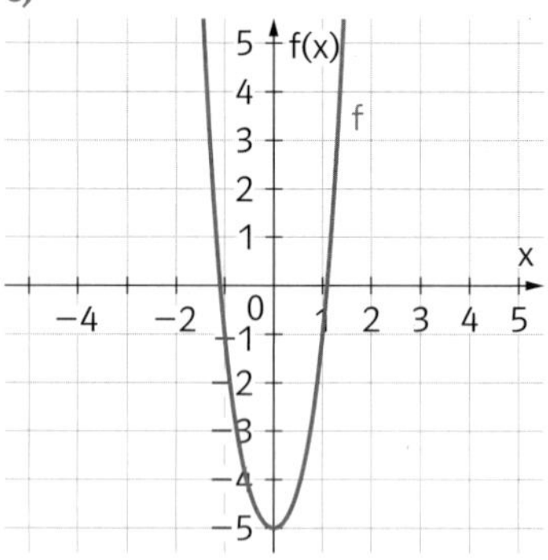

gerade Funktion

e)

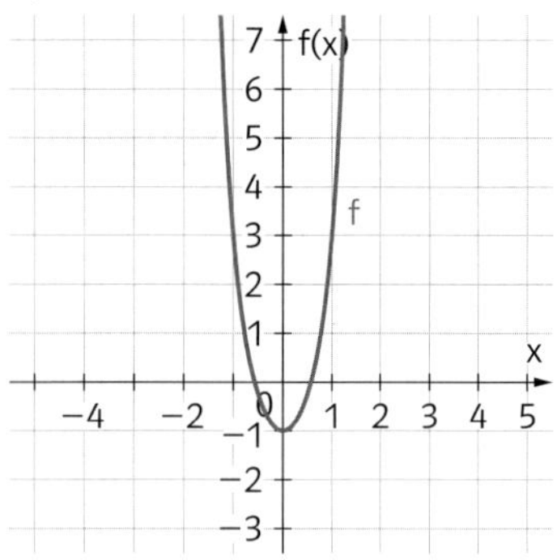

gerade Funktion

b)

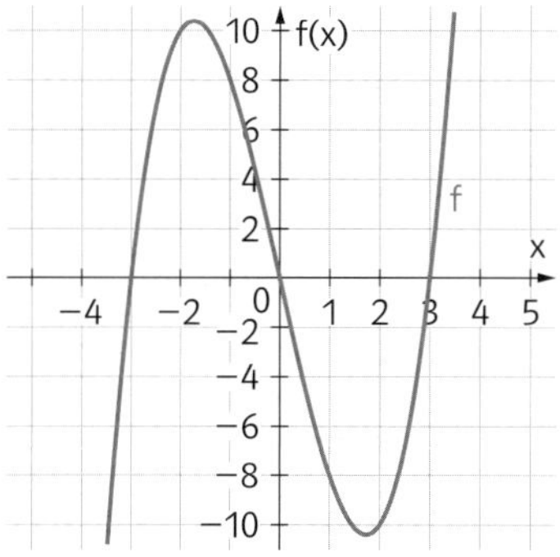

ungerade Funktion

d)

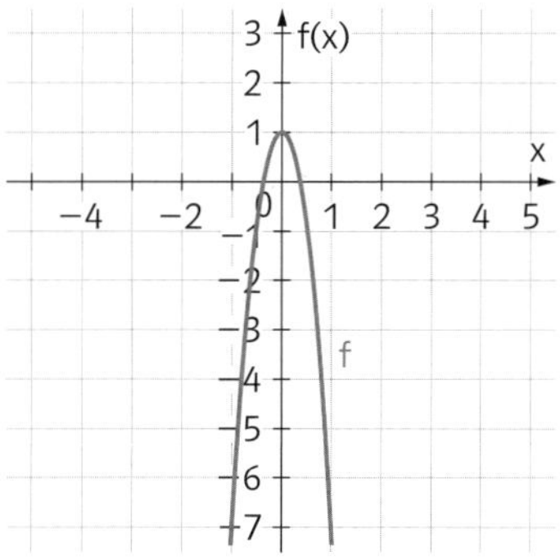

gerade Funktion

f)

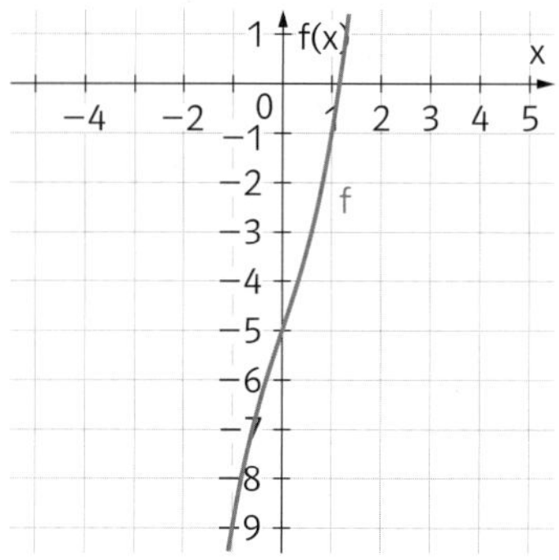

weder gerade noch ungerade

216. a) richtig, z. B. f mit $f(x) = x$ ist eine ungerade Funktion.
b) richtig, z. B. f mit $f(x) = 0$ ist sowohl eine gerade als auch eine ungerade Funktion.
c) richtig, alle Funktionen dieser Form sind symmetrisch bezüglich der y-Achse.
d) nein, denn dann wäre die Definition einer Funktion nicht mehr erfüllt.

217. a) periodisch mit kleinster Periode 2. Es gilt für alle x aus der Definitionsmenge:
$f(x) = f(x + 2)$
b) nicht periodisch
c) periodisch mit kleinster Periode 3. Es gilt für alle x aus der Definitionsmenge:
$f(x) = f(x + 3)$
d) periodisch mit kleinster Periode 4. Es gilt für alle x aus der Definitionsmenge:
$f(x) = f(x + 4)$

218. a) ungerade periodische Funktion; kleinste Periode: 1
b) periodische Funktion; kleinste Periode: 2
c) gerade periodische Funktion; kleinste Periode: 4
d) periodische Funktion; kleinste Periode: 4

219. a) Die Funktion ist periodisch mit kleinster Periode 2, denn es gilt für alle x aus der Definitionsmenge:
$f(x) = f(x + 2)$
b) Die Funktion ist nicht periodisch, da sich die ersten beiden Nachkommastellen nicht wiederholen.
c) Die Funktion ist periodisch mit kleinster Periode 1, denn es gilt für alle x aus der Definitionsmenge:
$f(x) = f(x + 1)$
d) Die Funktion ist periodisch mit kleinster Periode 3, denn es gilt für alle x aus der Definitionsmenge:
$f(x) = f(x + 3)$
e) Die Funktion ist nicht periodisch, da sich die erste Nachkommastelle nicht wiederholt.
f) Die Funktion ist periodisch mit kleinster Periode 1, denn es gilt für alle x aus der Definitionsmenge:
$f(x) = f(x + 1)$

220. Ja, jede konstante lineare Funktion ist periodisch. Denn ist eine Funktion $f(x) = c$ gegeben, dann gibt es unendlich viele reelle Zahlen $p \neq 0$ mit der Eigenschaft
$f(x) = f(x + p)$.

221. Musteraufgabe

222. a) nicht bijektiv, da es zu dem Funktionswert z zwei Argumente gibt.
b) bijektiv, da jeder Funktionswert eindeutig einem Argument zugeordnet werden kann.
c) bijektiv, da jeder Funktionswert eindeutig einem Argument zugeordnet werden kann.
d) bijektiv, da jeder Funktionswert eindeutig einem Argument zugeordnet werden kann.

e) nicht bijektiv, da dem Funktionswert 2 z.B. drei verschiedene Argumente zugeordnet werden können.

f) bijektiv, da jeder Funktionswert eindeutig einem Argument zugeordnet werden kann.

223. a) nicht bijektiv, da einem Vater mehrere Kinder zugeordnet werden können.

b) bijektiv; Umkehrfunktion: Jeder Quadratzahl wird ihre Quadratwurzel zugeordnet.

c) bijektiv; Umkehrfunktion: Jedem Flächeninhalt wird ein Quadrat zugeordnet.

d) nicht bijektiv, da z.B. die Zahlen −3 und 3 denselben Funktionswert besitzen.

e) nicht bijektiv, da an einem Tag auch mehrere Personen geboren werden.

224. a)

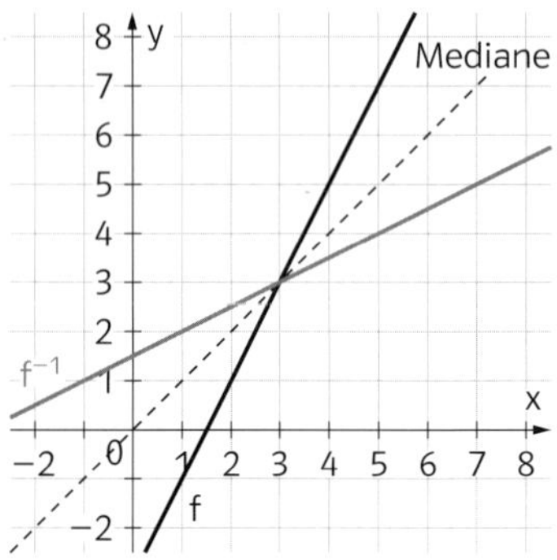

$f^{-1}(x) = 0{,}5x + 1{,}5$

c)

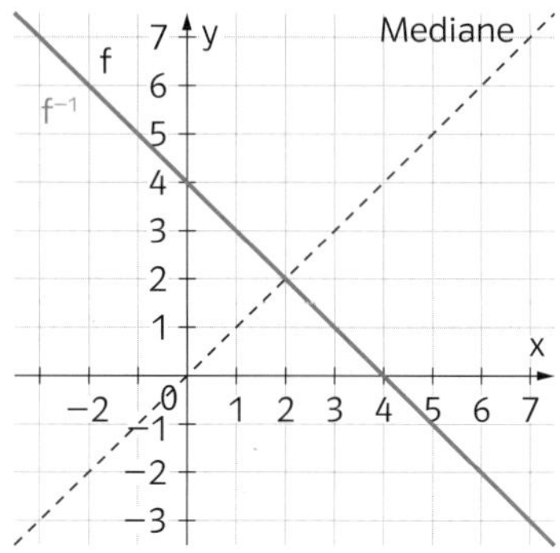

$f^{-1}(x) = -x + 4$

b)

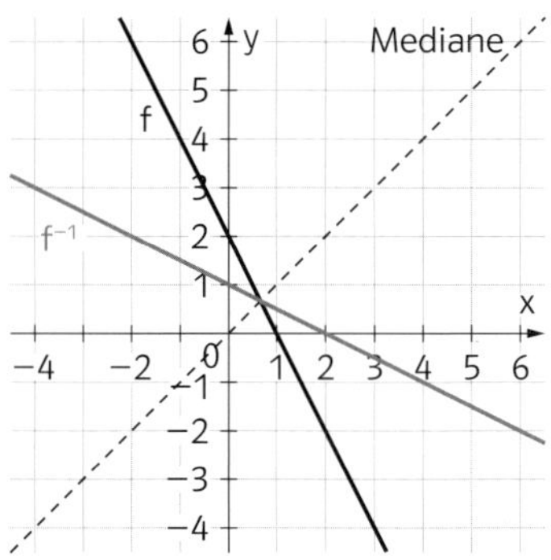

$f^{-1}(x) = -0{,}5x + 1$

d)

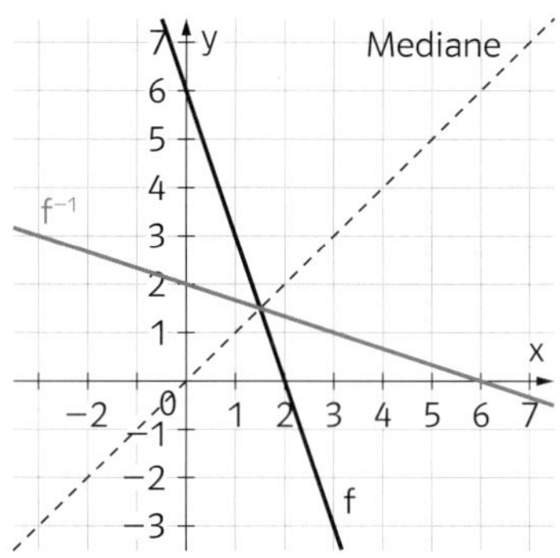

$f^{-1}(x) = -\frac{x}{3} + 3$

225.

a)	$D_f = \mathbb{R}^+$	$D_{f^{-1}} = \mathbb{R}^+$	$f^{-1}(x) = \sqrt{\frac{5}{x}}$
b)	$D_f = \mathbb{R}\setminus\{0\}$	$D_{f^{-1}} = \mathbb{R}\setminus\{1\}$	$f^{-1}(x) = \sqrt[3]{\frac{5}{x-1}}$
c)	$D_f = \mathbb{R}_0^+$	$D_{f^{-1}} = [3; \infty)$	$f^{-1}(x) = \sqrt{x-3}$
d)	$D_f = \mathbb{R}_0^+$	$D_{f^{-1}} = [-5; \infty)$	$f^{-1}(x) = \sqrt{\frac{x+5}{3}}$
e)	$D_f = \mathbb{R}$	$D_{f^{-1}} = \mathbb{R}$	$f^{-1}(x) = \sqrt[3]{\frac{x-1}{2}}$
f)	$D_f = [-2; \infty)$	$D_{f^{-1}} = \mathbb{R}_0^+$	$f^{-1}(x) = x^2 - 2$

226. Musteraufgabe

227.

a)	1) 4	2) $2u - 4$	3) $-4x - 2$	4) $2x^2 - 10$
b)	1) −13	2) $-4u + 3$	3) $8x - 1$	4) $-4x^2 + 15$
c)	1) 17	2) $u^2 + 1$	3) $4x^2 - 4x + 2$	4) $x^4 - 6x^2 + 10$
d)	1) $\frac{4}{3}$	2) $\frac{u}{3}$	3) $\frac{-2x+1}{3}$	4) $\frac{x^2-3}{3}$
e)	1) $\frac{-3}{20}$	2) $\frac{-3}{5u}$	3) $\frac{-3}{-10x+5}$	4) $\frac{-3}{5x^2-15}$

228. a) $(g \circ f)(x) = 6x - 11$ $D_f = \mathbb{R}$
b) $(g \circ f)(x) = -6x - 3$ $D_f = \mathbb{R}$
c) $(g \circ f)(x) = \sqrt{x-5}$ $D_f = [5; \infty)$
d) $(g \circ f)(x) = \sqrt{8x+5}$ $D_f = \left[-\frac{5}{8}; \infty\right)$

229. a) 1) $(f \circ g)(x) = 4x^2 - 16x + 14$ 2) $(g \circ f)(x) = 2x^2 - 8$
3) $(f \circ f)(x) = x^4 - 4x^2 + 2$ 4) $(g \circ g)(x) = 4x - 12$ 5) $(f \circ f^{-1})(x) = x$
b) 1) $(f \circ g)(x) = 27x^4 + 18x^2 + 6$ 2) $(g \circ f)(x) = -27x^4 - 54x^2 - 28$
3) $(f \circ f)(x) = 27x^4 + 54x^2 + 30$ 4) $(g \circ g)(x) = -27x^4 - 18x^2 - 4$ 5) $(f \circ f^{-1})(x) = x$

230. a) $A(a, h_a) = a \cdot h_a$
b) $A(a, c, h) = \frac{(a+c) \cdot h}{2}$
c) $A(a, h) = a \cdot h$
d) $O(a, b, h) = 2 \cdot (ab + ah + bh)$
e) $O(r, h) = 2r^2\pi + 2r\pi h$
f) $V(r, h) = \frac{r^2\pi h}{3}$

231. Musteraufgabe

232. a) 9 bzw. $\frac{17}{4}$ $D = \mathbb{R}\setminus\{2\} \times \mathbb{R}$
b) $\frac{-8}{5}$ bzw. 20 $D = \mathbb{R}\setminus\{-1{,}5\} \times \mathbb{R}$
c) 10 bzw. 53 $D = \mathbb{R} \times \mathbb{R}$
d) −8 bzw. −45 $D = \mathbb{R} \times \mathbb{R}$
e) $-3 \cdot \sqrt{6}$ bzw. 0 $D = [-2; \infty) \times \mathbb{R}$
f) $3\sqrt{2}$ bzw. $-2 \cdot \sqrt{6}$ $D = [-9; \infty) \times \mathbb{R}$

233. a)

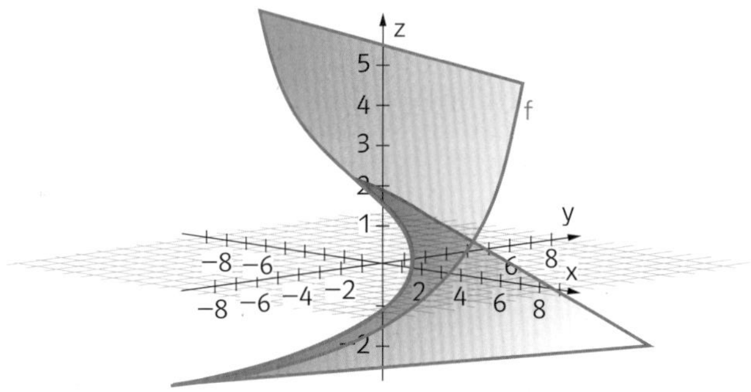

b)

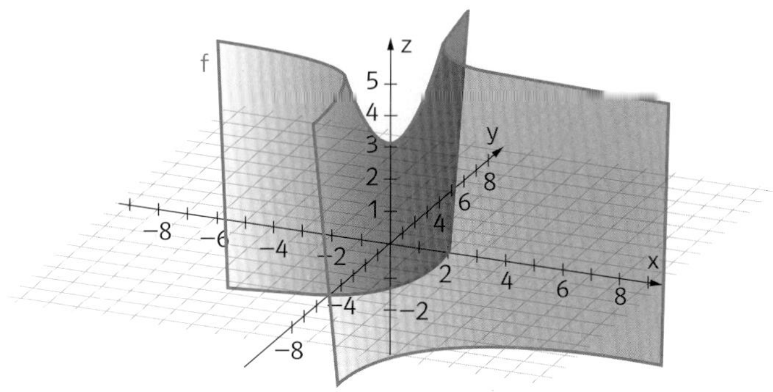

c)

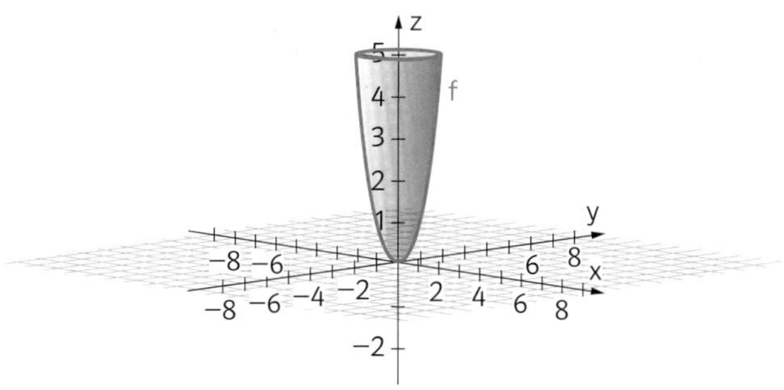

d)

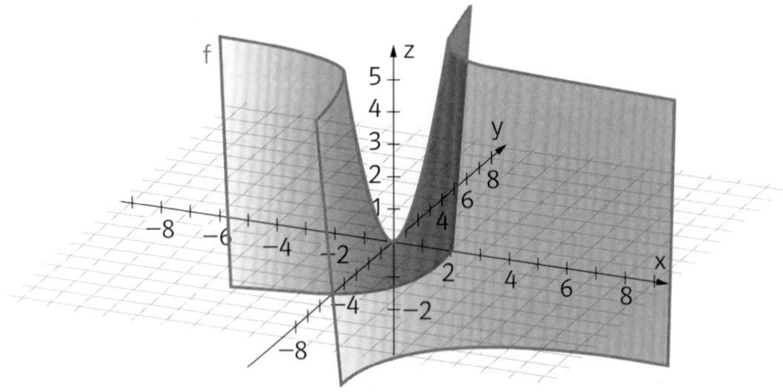

e)

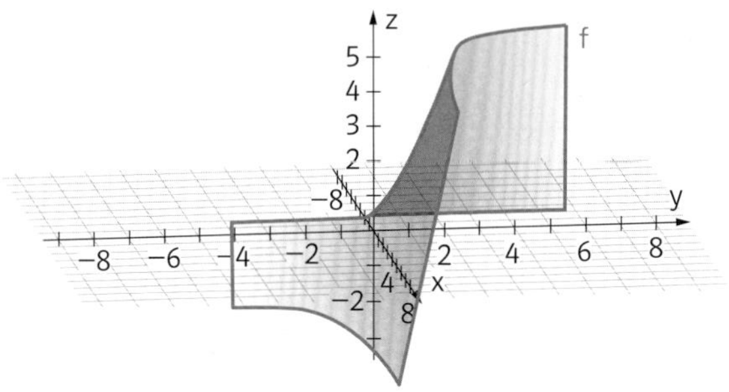

f)

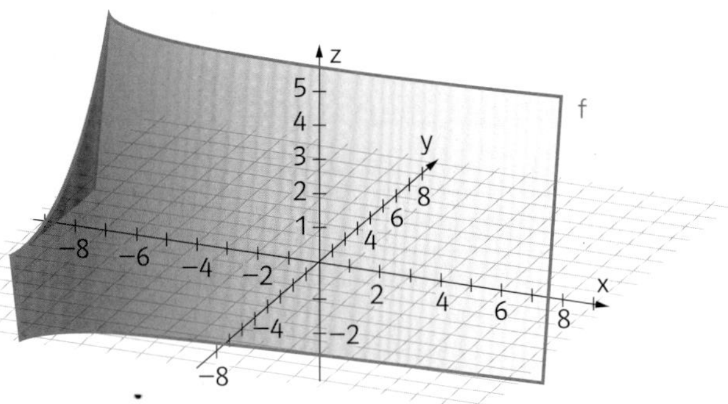

234. Musteraufgabe

235. a) linear b) gebrochen rational c) quadratisch d) linear e) rational

236. a) $\frac{16}{3}\pi$
b) es wird versechszehnfacht
c) es wird halbiert
d) eine quadratische Funktion, eine Parabel
e) eine lineare Funktion, eine Gerade
f) direkt proportional
g) $h(r) = \frac{3V}{r^2\pi}$ Es handel sich um eine rationale Funktion.

237. a) $\frac{108}{5}$
b) es wird vervierfacht.
c) es wird verachtfacht.
d) R(x) ist eine quadratische Funktion. R(z) ist eine rationale Funktion.
e) weder noch
f) indirekt proportional

238. a) $32700\,N/m^2$
b) Er verändert sich nicht.
c) Er vervierfacht sich.
d) p(F) ist eine lineare Funktion. p(A) ist eine rationale Funktion.

239. a) ja b) nein c) Sie wird mit 18 multipliziert. d) eine lineare Funktion, eine Gerade

240. a) $A(2e, 2f) = \frac{2e \cdot 2f}{2} = 4 \cdot A(e, f)$ b) $A\left(2e, \frac{f}{2}\right) = \frac{2e \cdot \frac{f}{2}}{2} = A(e, f)$ c) $A\left(4e, \frac{f}{16}\right) = \frac{4e \cdot \frac{f}{16}}{2} = \frac{1}{4}A(e, f)$

241. a) $V(4a, 2h) = 16a^2 \cdot 2h = 32 \cdot V(a, h)$
b) $V\left(2a, \frac{h}{4}\right) = 4a^2 \cdot \frac{h}{4} = V(a, h)$
c) $V\left(\frac{1}{4}a, 32h\right) = \frac{1}{16}a^2 \cdot 32h = 2 \cdot V(a, h)$

242. a) Geburten: 1111 — Im Jahr 2012 gab es in Wien um 1111 Geburten mehr als 2009.
Todesfälle: 72 — Im Jahr 2012 starben in Wien um 72 Personen mehr als im Jahr 2009.
b) Geburten: 370,3 — Im Durchschnitt nahm in Wien die Anzahl der Geburten pro Jahr im Zeitraum 2009 bis 2012 um ca. 490 Personen zu.
Todesfälle: 24 — Die Anzahl der Todesfälle in Wien im Zeitraum 2009 bis 2012 nahm jährlich im Durchschnitt um 24 Todesfälle zu.
c) Geburten: 0,0648 — Die Anzahl der Geburten in Wien im Jahr 2012 ist im Vergleich zum Jahr 2009 um ca. 6,48 % gestiegen.
Todesfälle: 0,0044 — Die Anzahl der Todesfälle in Wien im Jahr 2012 ist im Vergleich zum Jahr 2009 um ca. 0,44 % gestiegen.

243. A, B, C, E

244. Musteraufgabe

245.

	1)	2)	3)
a)	−15	−3	−1,15
b)	10	2	−3,3
c)	30	6	−0,968
d)	−7,5	−1,5	−1,25
e)	195	39	−1,02
f)	−130	−26	−0,9924

246. Die mittlere Änderungsrate ist k, die Steigung der linearen Funktion. Da die Steigung k einer linearen Funktion die Veränderung der Funktionswerte bei Vergrößerung des Arguments um eins ist, muss dieser Wert auch die durchschnittliche Änderungsrate von f in jedem beliebigen Intervall sein.

247. a) $t_1 = 3, t_2 = 6$
Die Kugel erreicht nach 3 bzw. 6 Sekunden eine Höhe von 130 Meter.
b) lokales/globales Maximum bei $t = 4{,}5$. Globales Minimum bei $t = 9{,}82\,s$
Nach 4,5 Sekunden erreicht die Kugel ihren höchsten Punkt, nach 9,82 Sekunden ihren tiefsten Punkt, d.h. sie landet am Boden.
c) mittlere Änderungsrate: 20 m/s
Im Intervall [1, 4] beträgt die mittlere Geschwindigkeit der Kugel 20 m/s.
d) E

248. a) $D = (0; 6)$ — A nimmt alle Werte in $(0; 9)$ an.
b) $6{,}75\,cm^2$; Die Seite a wäre 4,5 cm lang.
c) Der maximale Flächeninhalt ist $9\,cm^2$. $a = b = 3\,cm$
d) relative Änderung: 0,8 = 80 %
Der Flächeninhalt des Rechtecks mit Seitenlänge b = 3 cm ist um 80 % größer als die Fläche des Rechtecks mit der Seitenlänge b = 1 cm.
e) $b_1 = 2, b_2 = 4$ — Bei einer Seitenlänge von b = 2 cm bzw. b = 4 cm wäre der Flächeninhalt des Rechtecks $8\,cm^2$ groß.
f) Er wird verneunfacht.

249.–258. Selbstkontrolle (Lösungen im Schulbuch)

5 Potenzfunktionen und Polynomfunktionen

Kapitel 5
t3s6bz

259. a) $\frac{6}{x^3}$ b) $\frac{-6}{x^7}$ c) $\frac{14}{x^8}$ d) $\frac{2x^3}{3}$ e) $\frac{2x^5}{3}$ f) $\frac{2}{3x^{99}}$

260. a) $\sqrt[7]{x^3}$ b) $\sqrt[4]{x^3}$ c) $\frac{1}{\sqrt[8]{x}}$ d) $\sqrt[4]{x^3}$ e) $\frac{1}{\sqrt[5]{x^2}}$ f) $\sqrt[8]{x}$ g) $\sqrt[5]{x^{13}}$

261. a)

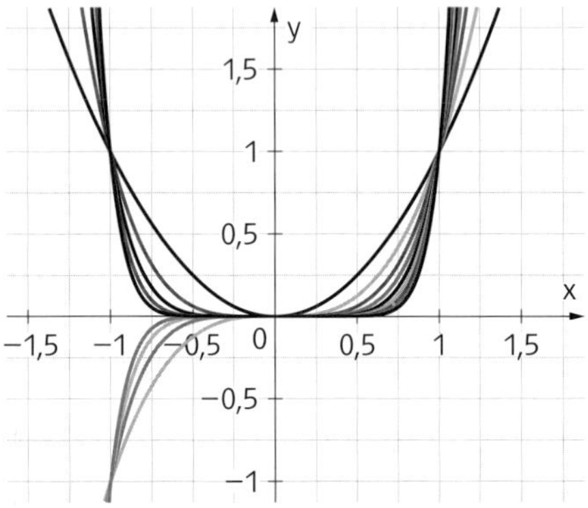

b) Es sehen einander alle Graphen mit geraden Exponenten bzw. mit ungeraden Exponenten ähnlich. Jene Funktionen mit geraden Exponenten sind gerade Funktionen, jene mit ungeraden Exponenten sind ungerade Funktionen.

c) Alle Funktionen mit geraden Exponenten besitzen an der Stelle 0 eine lokale Minimumstelle und sind für $x \leq 0$ streng monoton fallend bzw. für $x \geq 0$ streng monoton steigend.
Alle Funktionen mit ungeraden Exponenten sind streng monoton steigende Funktionen und besitzen keine Extremstellen.

d) lineare Funktionen

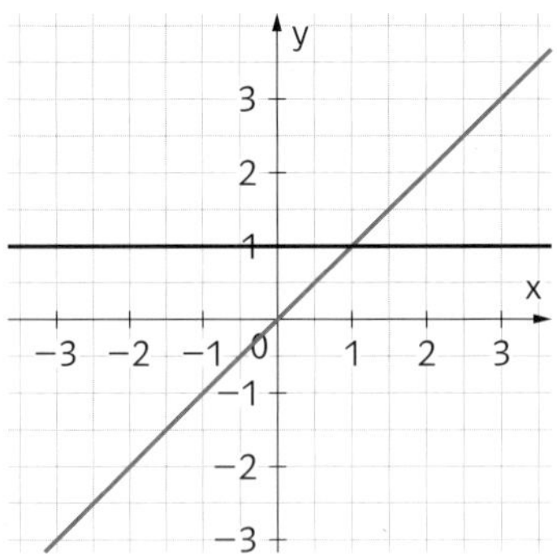

262. a)

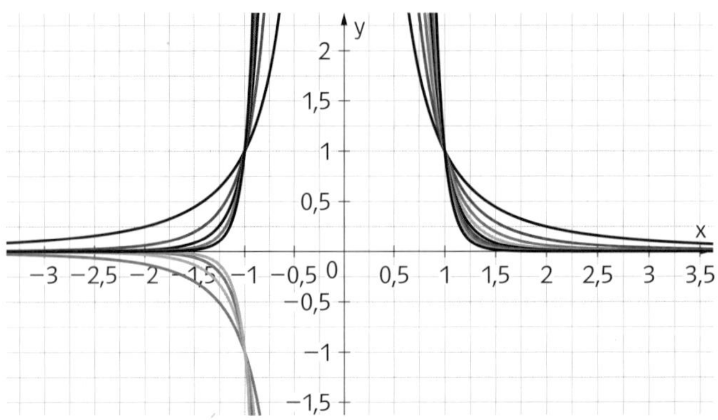

$D = \mathbb{R} \setminus \{0\}$

b) Es sehen einander alle Graphen mit negativen geraden Exponenten bzw. mit negativen ungeraden Exponenten ähnlich. Jene Funktionen mit geraden Exponenten sind gerade Funktionen, jene mit ungeraden Exponenten sind ungerade Funktionen.

c) Alle Funktionen mit geraden Exponenten sind für $x < 0$ streng monoton steigend bzw. für $x > 0$ streng monoton fallend.
Alle Funktionen mit ungeraden Exponenten sind für $x < 0$ streng monoton fallend bzw. für $x > 0$ ebenfalls streng monoton fallend.
Es gibt jeweils keine lokalen Extremstellen.

263. **a)** x^4 x^{12}

b) $\frac{1}{x^4}$ $\frac{1}{x^{114}}$ $x^{3\,024\,224}$ x^0

264. **a)** x^{14} x^{132} x^{115} x

b) $\frac{1}{x^{-11}}$ x^{45}

265. B, D

266. **a)** 1) $f(x) = x^2$
2) an der Stelle 0 Nullstelle und Minimumstelle; gerade Funktion; streng monoton fallend für $x \leqslant 0$, streng monoton steigend für $x \geqslant 0$.

b) 1) $f(x) = x$
2) an der Stelle 0 Nullstelle, keine Extremstellen; ungerade streng monoton steigende Funktion.

c) 1) $f(x) = x^{-2}$
2) keine Nullstellen, keine Extremstellen; gerade Funktion; streng monoton steigend für $x < 0$, streng monoton fallend für $x > 0$.

d) 1) $f(x) = x^{-3}$
2) keine Nullstellen, keine Extremstellen; ungerade Funktion; streng monoton fallend für $x < 0$, streng monoton fallend für $x > 0$.

e) 1) $f(x) = x^3$
2) an der Stelle 0 Nullstelle, keine Extremstellen; ungerade Funktion; streng monoton steigende Funktion.

f) 1) $f(x) = x^4$
2) an der Stelle 0 Nullstelle und Minimumstelle; gerade Funktion; streng monoton fallend für $x \leqslant 0$, streng monoton steigend für $x \geqslant 0$.

267. **a)** Ist r eine gerade Zahl, dann gilt $r = 2 \cdot k$ mit $k \in \mathbb{Z}$.
$f(-x) = (-x)^{2k} = ((-x)^2)^k = (x^2)^k = x^{2k} = f(x)$

b) Ist r eine ungerade Zahl, dann gilt $r = 2 \cdot k + 1$ mit $k \in \mathbb{Z}$.
$f(-x) = (-x)^{2k+1} = (-x)^{2k} \cdot (-x) = x^{2k} \cdot (-x) = -x^{2k+1} = -f(x)$

268. $f(x) = x^4$

269. Musteraufgabe

270.
a) $a = 1{,}5$ $b = -2$ $r = 2$
b) $a = 1$ $b = -3$ $r = -2$
c) $a = 2$ $b = 1$ $r = -3$
d) $a = -3$ $b = 4$ $r = 2$
e) $a = -2$ $b = 3$ $r = -2$
f) $a = -1$ $b = 2$ $r = 3$

271. C, A, E, B

272. a)

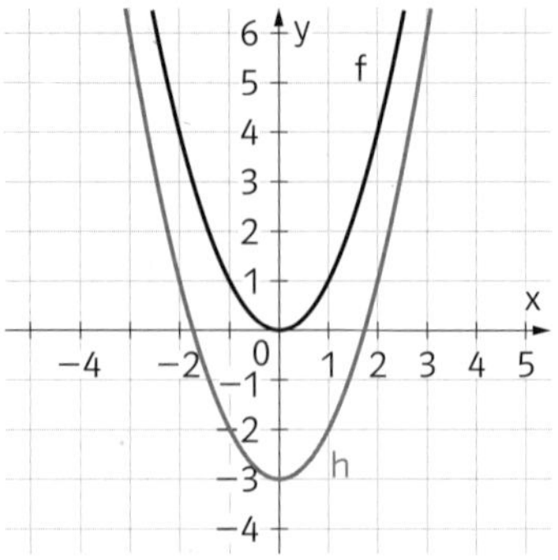

Der Graph von h entsteht durch Verschiebung des Graphen von f entlang der y-Achse um 3 Einheiten nach unten.

b)

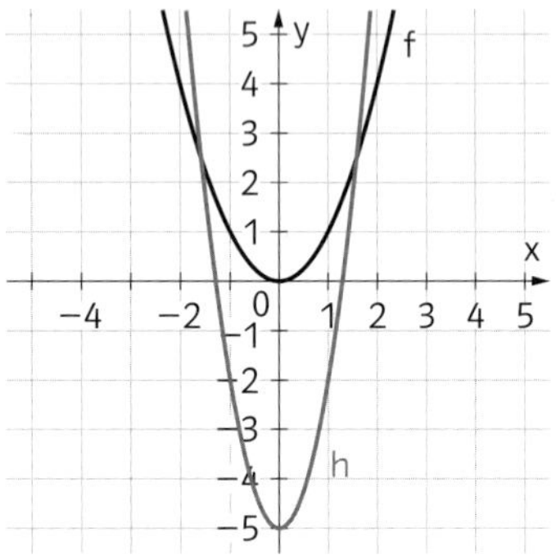

Der Graph von h entsteht durch Verschiebung des Graphen von f entlang der y-Achse um 5 Einheiten nach unten und durch Streckung entlang der y-Achse mit dem Faktor 3.

c)

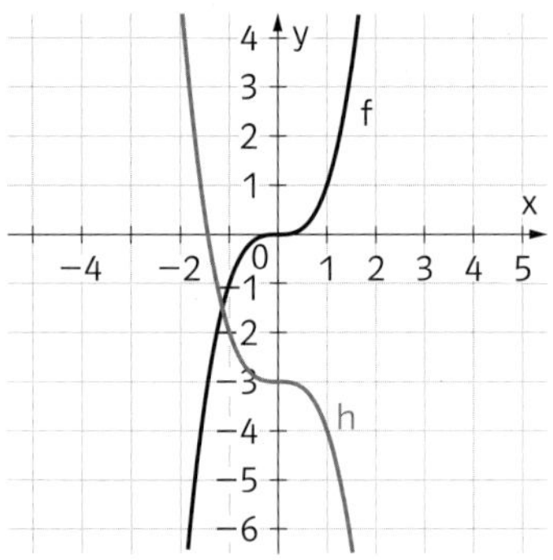

Der Graph von h entsteht durch Spiegelung des Graphen von f an der x-Achse und anschließender Verschiebung entlang der y-Achse um 3 Einheiten nach unten.

d)

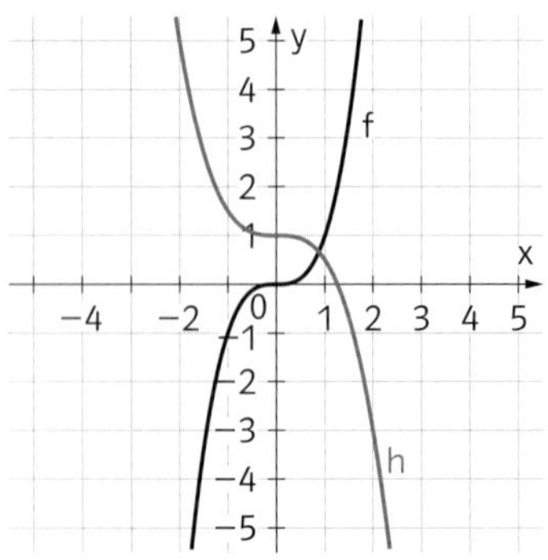

Der Graph von h entsteht durch Spiegelung des Graphen von f an der x-Achse, anschließender Verschiebung entlang der y-Achse um 1 Einheit nach oben sowie einer Stauchung entlang der y-Achse mit dem Faktor 0,5.

e)

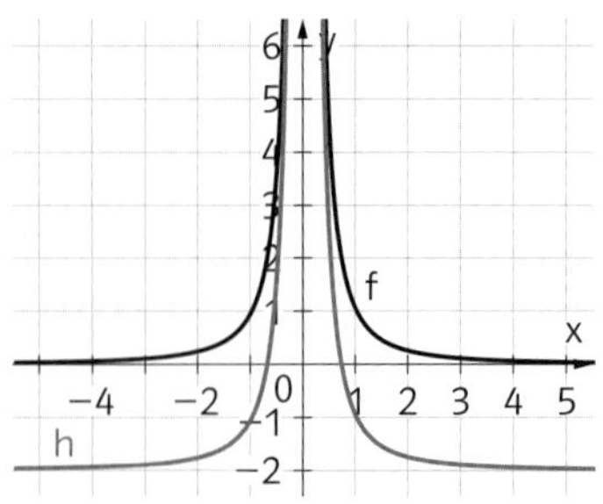

Der Graph von h entsteht durch Verschiebung des Graphen von f entlang der y-Achse um 2 Einheiten nach unten.

f) 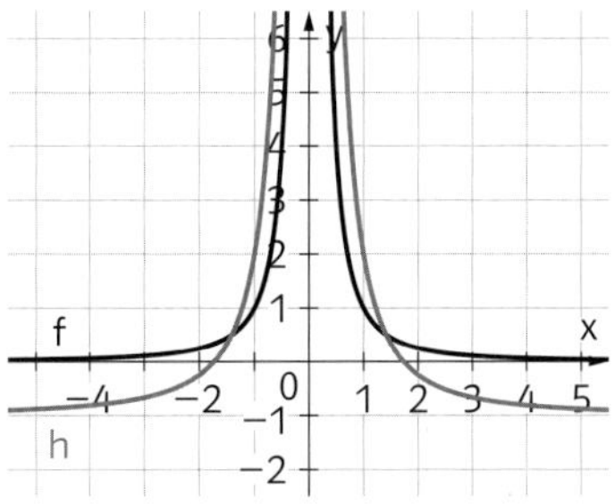

Der Graph von h entsteht durch Verschiebung des Graphen von f entlang der y-Achse um 1 Einheit nach unten und anschließender Streckung entlang der y-Achse mit dem Faktor 3.

g) 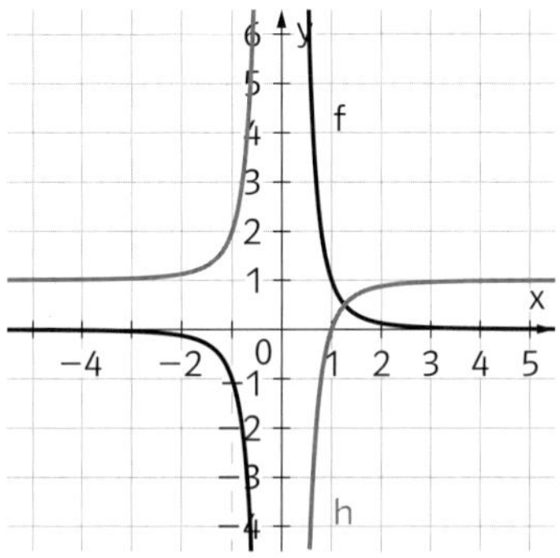

Der Graph von h entsteht durch Spiegelung des Graphen von f an der x-Achse und anschließender Verschiebung des Graphen entlang der y-Achse um 1 Einheit nach oben.

h) 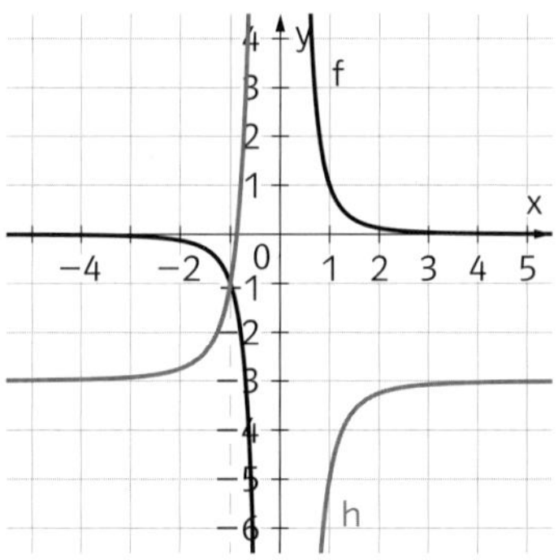

Der Graph von h entsteht durch Spiegelung des Graphen von f an der x-Achse, anschließender Verschiebung entlang der y-Achse um 3 Einheiten nach unten sowie einer Streckung entlang der y-Achse mit dem Faktor 3.

273. **a)** r ist eine ungerade natürliche Zahl und a ist positiv.
b) r ist eine ungerade natürliche Zahl und a ist negativ.
c) r ist eine gerade negative ganze Zahl und a ist positiv.
d) r ist eine ungerade negative ganze Zahl und a ist negativ.

274. C, E

275. **a)** $f(x) = 2x^2 + 3$ **b)** $f(x) = -2x^3 - 4$ **c)** $f(x) = 2x^{-2} + 2$

276. **a)** $p(V) = \frac{k}{V} = k \cdot V^{-1}$ $a = k, b = 0, r = -1$

b) $p(V) = 2 \cdot V^{-1}$

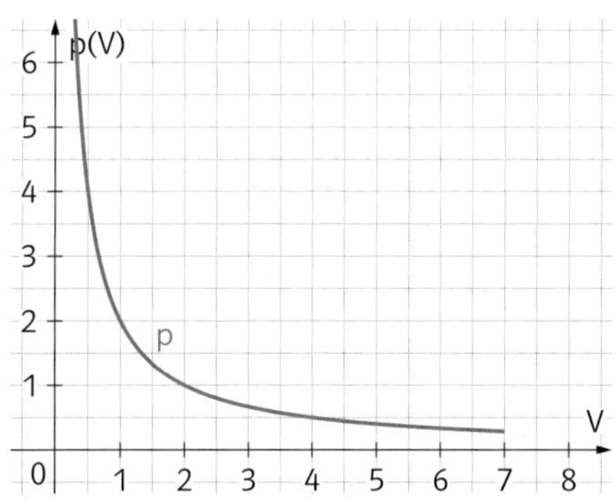

277. a) $a = 3\pi$ $r = 2$ $b = 15$

b)

u	0	1	2	3	4	5
V(u)	15	24,4	52,7	99,8	165,8	250,6

278. 1) $t(s) = \sqrt{\frac{2s}{g}}$

2)

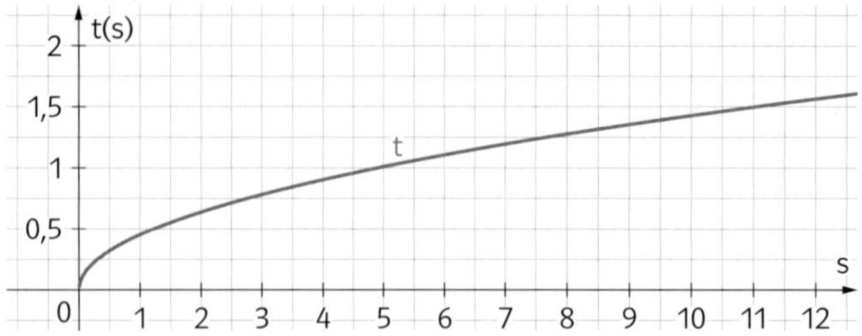

3) $a = \sqrt{\frac{2}{g}}$ $b = 0$ $r = \frac{1}{2}$

4) nach ca. 1,5 Sekunden

5) ca. 122,6 m

279. a) $a = 2$ $b = -3$

b) $a = -0{,}5$ $b = 1$

c) $a = -2$ $b = 3$

d) $a = 1{,}5$ $b = -1$

280. a) z.B. $f(x) = x^3 - 3x - 5$

b) z.B. $f(x) = -2x^{100} + 3x^{94} - 2$

c) z.B. $f(x) = x^{23} + 3x^{11} - 2x^2$

d) z.B. $f(x) = -2x^2 + x - 1$

e) z.B. $f(x) = -2x^9 + 3x^7 - 2x$

f) z.B. $f(x) = -2x^{13333} + 3x^{10000} - 5x^3 + 4x^2 - 3$

g) z.B. $f(x) = -4x + 5$

h) z.B. $f(x) = -222x^{441} + 3x^{335} - 2$

281. a) 1)

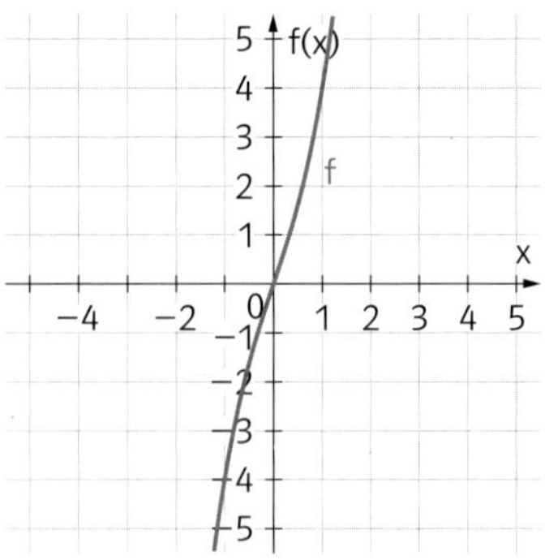

2) 3 3) 1 4) 0

b) 1)

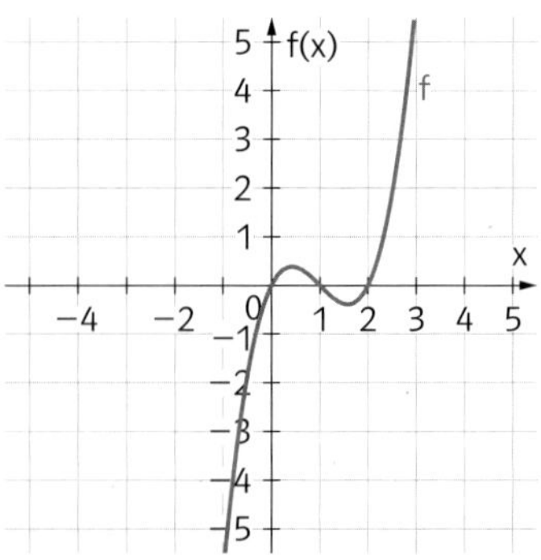

2) 3 3) 3 4) 2

c) 1)
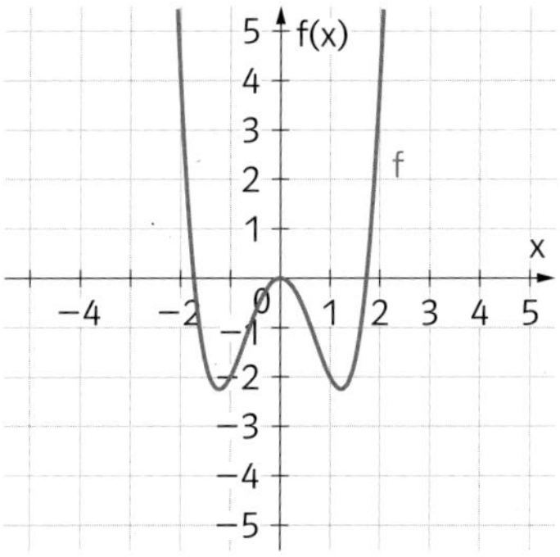

2) 4 3) 3 4) 3

d) 1)
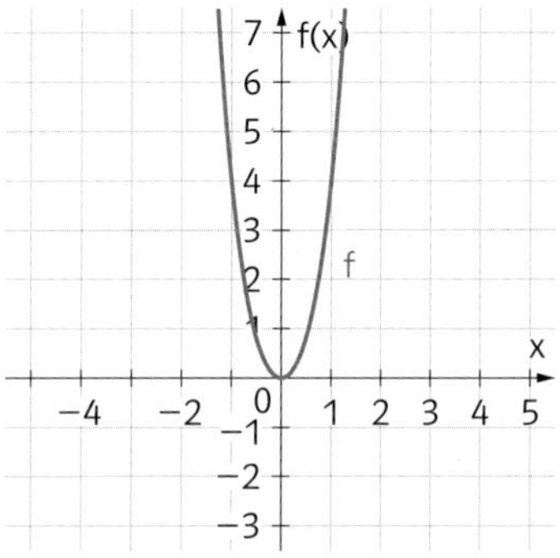

2) 4 3) 1 4) 1

e) 1)
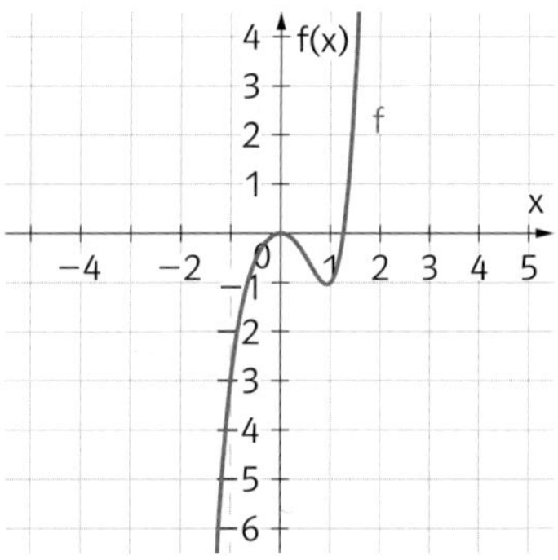

2) 5 3) 2 4) 2

f) 1)
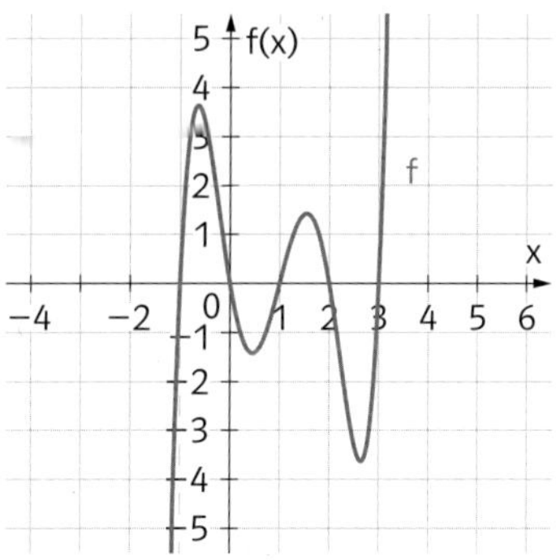

2) 5 3) 5 4) 4

282. vierten/höchstens

283.

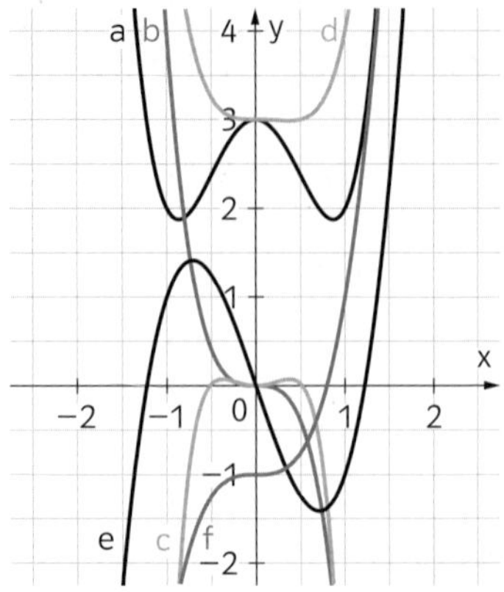

gerade Funktionen sind:	a, c
ungerade Funktionen sind:	b, e
weder gerade noch ungerade Funktionen sind:	d, f

Vermutung: Polynomfunktionen, die nur Potenzen mit geraden Exponenten beinhalten sind gerade Funktionen. Polynomfunktionen, die nur Potenzen mit ungeraden Exponenten beinhalten, sind ungerade Funktionen.

284. Musteraufgabe

285. **a)** $x_1 = 7, x_2 = -3$ **b)** 24 **c)** an den Stellen 6 und −2 **d)** $(2|-25)$

286. **a)** $x_1 = -9, x_2 = -3$ $f(x) = (x+9) \cdot (x+3)$
b) 7 **c)** an den Stellen 12 und −24 **d)** $(-6|-9)$

287. **a)**

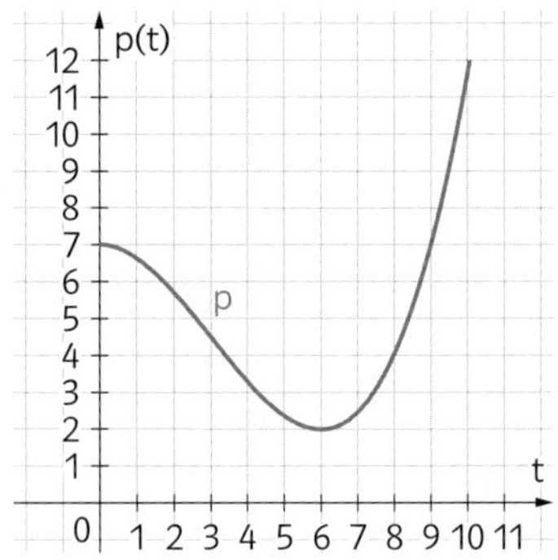

b) $t_1 = 0, t_2 = 9$ Nach 0 bzw. 9 Sekunden ist der Druck 7 bar.
c) Nach 6 Sekunden ist der Druck am geringsten (2 bar).

288. **a)** ca. $2{,}3 \cdot 10^8$ km
b) $r_2(T_2) = r_1 \cdot \sqrt[3]{\left(\frac{T_2}{T_1}\right)^2}$

Mit Hilfe dieser Formel kann der Abstand eines Planeten zur Sonne in Abhängigkeit von seiner Umlaufzeit berechnet werden.

$a = \frac{r_1}{\sqrt[3]{T_1^2}}$ $r = \frac{2}{3}$ $b = 0$

c) $T_1(r_1) = T_2 \cdot \sqrt{\left(\frac{r_1}{r_2}\right)^3}$

Hier kann man erkennen, dass die Umlaufzeit für größer werdenden Radius größer wird.

Die Bahngeschwindigkeit: $\frac{2 r_1 \pi}{T_1}$ km/h

289. **a)** $a = 0{,}1$ $b = -5$ $c = 85$ $d = 120$ → $a, c, d > 0$ $b^2 < 3ac$
b) 120 Diese Kosten fallen an, auch wenn kein Stück produziert wird.
c) $\overline{K(x)} = 0{,}1x^2 - 5x + 85 + \frac{120}{x}$
d) D, E

290.–298. Selbstkontrolle (Lösungen im Schulbuch)

299.–309. Kompetenzcheck (Lösungen im Schulbuch)

6 Exponentialfunktionen und Logarithmusfunktionen

Kapitel 6
37n97n

310. a) G wird um 17% verkleinert.
b) G wird um 85,7% verkleinert.
c) G wird um 74,32% verkleinert.
d) G wird um 0,34% vergrößert.
e) G wird um 134,45% vergrößert.
f) G wird um 23% vergrößert.

311. a) 238,74 b) 455,05 c) 200,951 d) 229,356 e) 214,986 f) 229,845

312. Musteraufgabe

313. D, E, H

314. a) $E(t) = 11400 \cdot 1{,}04^t$ $E(1) = 11856$ $E(2) \approx 12330$ $E(3) \approx 12823$ $E(4) \approx 13336$

b)

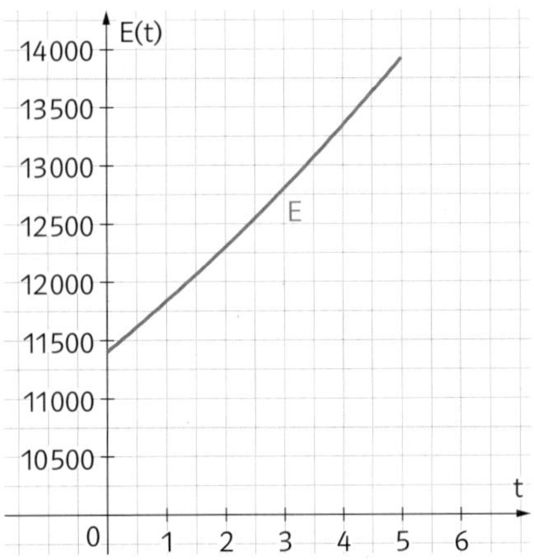

315. a) $I(m) = 800 \cdot 0{,}8^m$ $I(1) = 640$ Lux $I(2) = 512$ Lux $I(3) = 409{,}6$ Lux $I(4) \approx 327{,}7$ Lux

b)

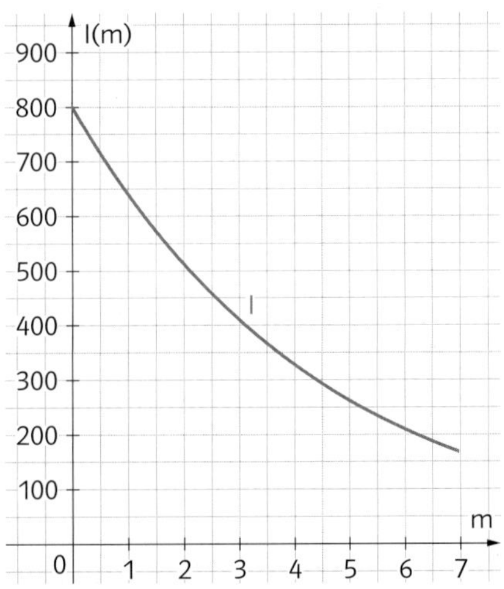

316. **a)** Die Graphen der Funktionen $f(x) = 2^x$ und $f(x) = \left(\frac{1}{2}\right)^x$ bzw. $f(x) = 3^x$ und $f(x) = \left(\frac{1}{3}\right)^x$ sind symmetrisch bzgl. der y-Achse.

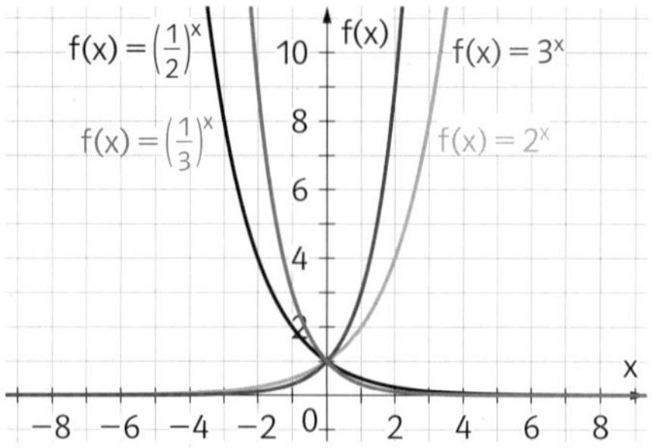

b) Der gemeinsame Punkt ist $P = (0\,|\,1)$.

c) Die Funktionen und sind streng monoton steigend, die Funktionen $f(x) = \left(\frac{1}{2}\right)^x$ und $f(x) = \left(\frac{1}{3}\right)^x$ sind streng monoton fallend.

d) Nein, da b positiv ist. Wird eine positive reelle Zahl potenziert, kann man keine negative reelle Zahl erhalten.

317. **a)**

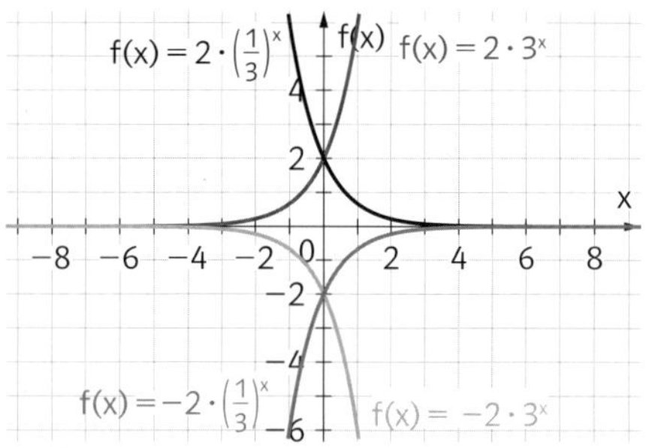

b) Die Graphen der Funktionen aus (i) und (ii) besitzen einen gemeinsamen Punkt $P = (2\,|\,0)$.
Die Graphen der Funktionen aus (iii) und (iv) besitzen einen gemeinsamen Punkt $P = (-2\,|\,0)$.

c) Die Funktionen aus (i) und (iv) sind streng monoton steigend. Die Funktionen aus (ii) und (iii) sind streng monoton fallend.

d) Ja, wenn a negativ ist, dann nimmt f nur negative Funktionswerte an. Da $f(x) = b^x$ nur positive Funktionswerte annehmen kann, erhält man durch Multiplikation mit einer negativen Zahl negative Funktionswerte.

318. **a)** 1) $a = 1$, $b = 3$ 2) streng monoton steigend 3)

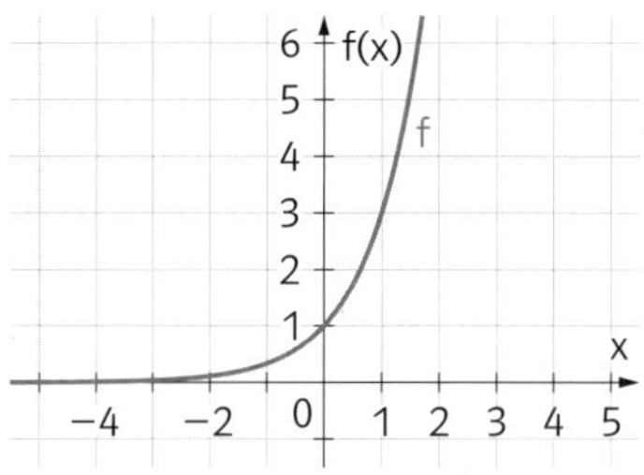

b) 1) $a = 1$, $b = 1{,}5$ 2) streng monoton steigend 3)

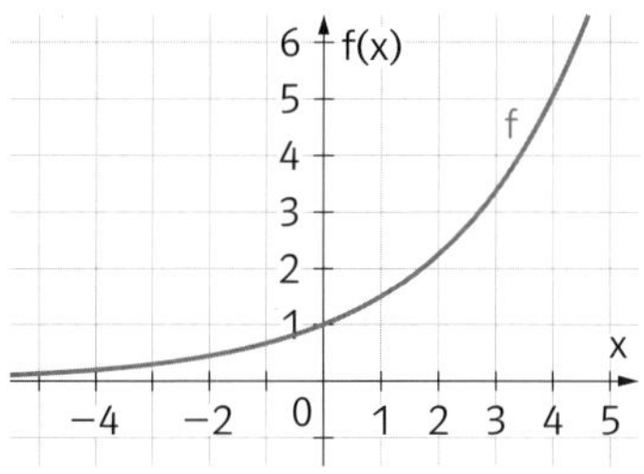

c) 1) $a = 1$, $b = \frac{1}{4}$ 2) streng monoton fallend 3)

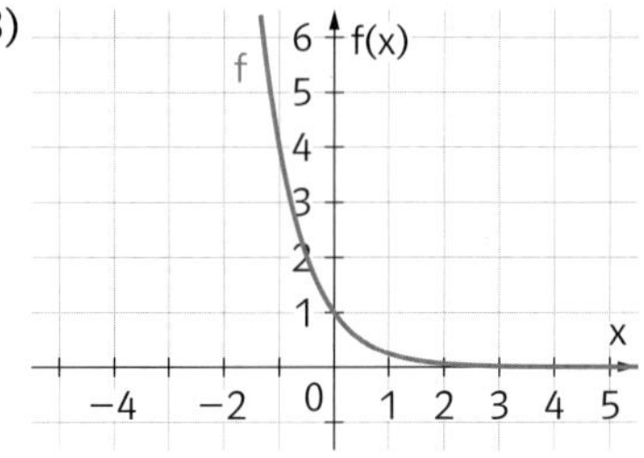

d) 1) $a = 1$, $b = \frac{3}{5}$ 2) streng monoton fallend 3)

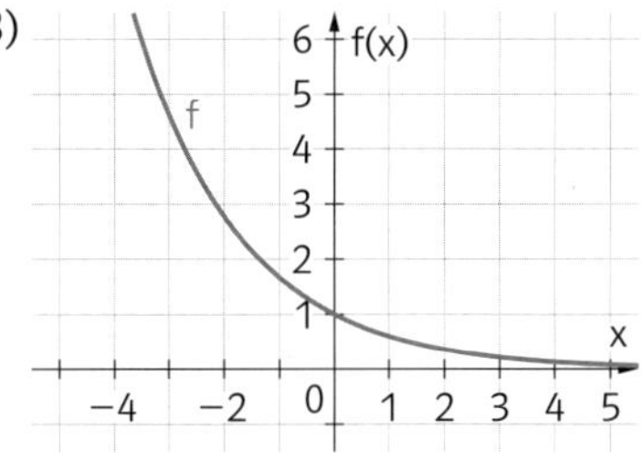

e) 1) $a = 2$, $b = 2{,}5$ 2) streng monoton steigend 3)

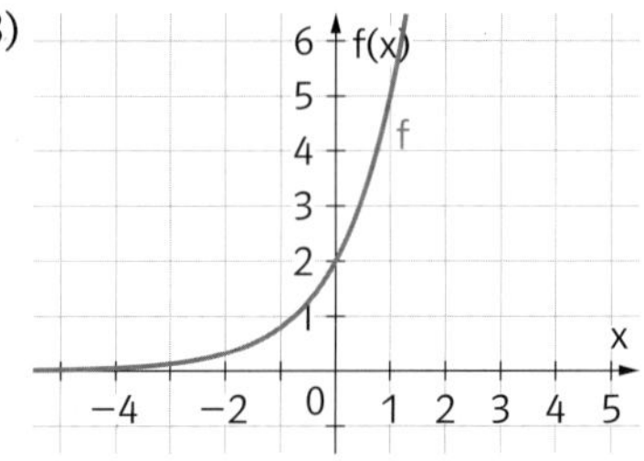

f) 1) $a = 2$, $b = 1{,}5$ 2) streng monoton steigend 3)

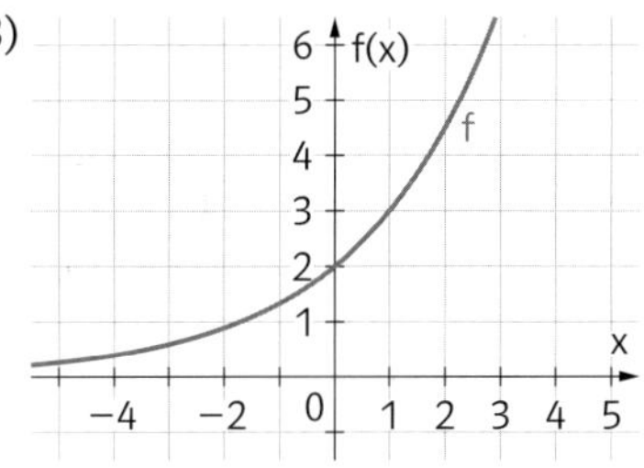

g) 1) $a = -2$, $b = \frac{1}{4}$ 2) streng monoton steigend 3)

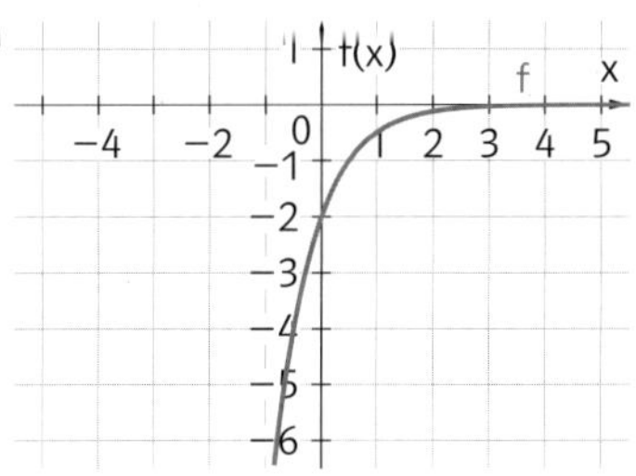

h) 1) $a = -2$, $b = \frac{1}{5}$ 2) streng monoton steigend 3)

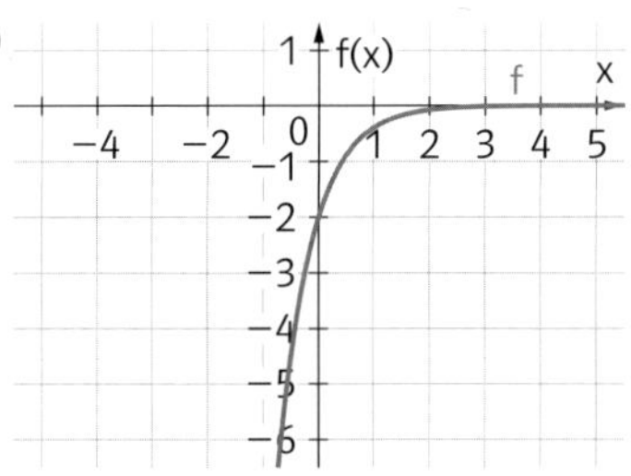

319. **a)** a, d **b)** c, d, e

320. **a)** a und b bzw. c und e **b)** a und b bzw. c und d

321. a) z. B.

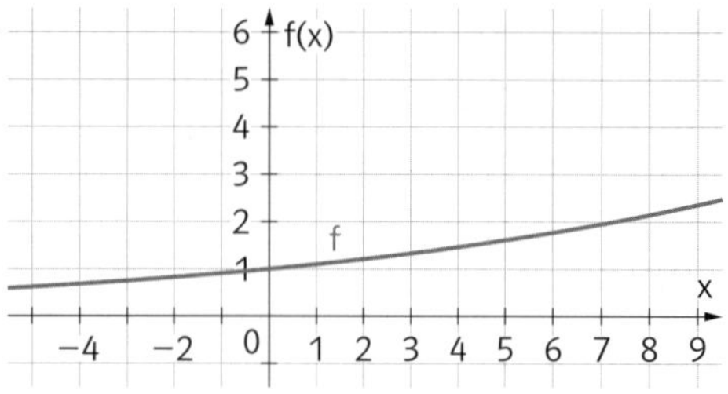

b) z. B.

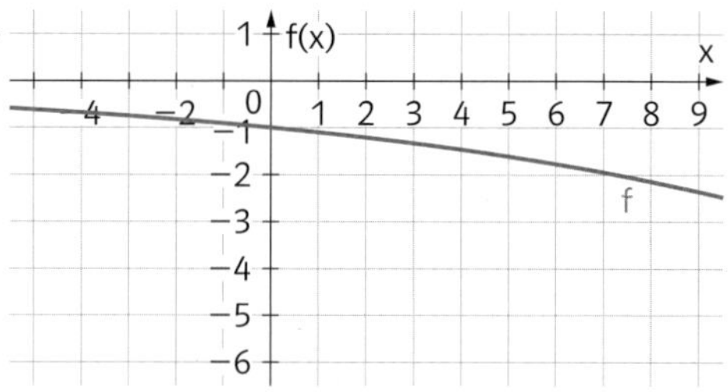

c) z. B.

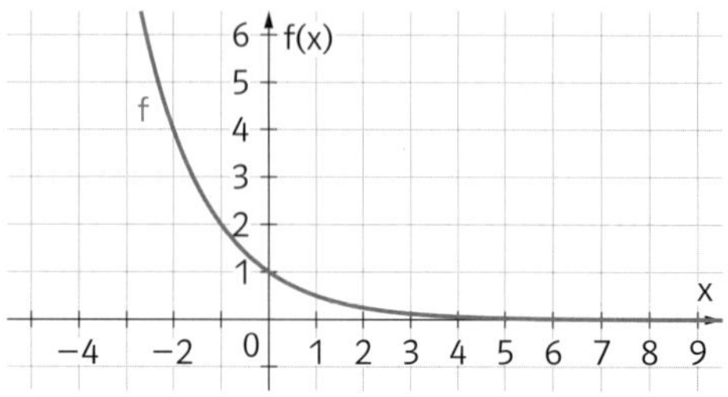

d) z. B.

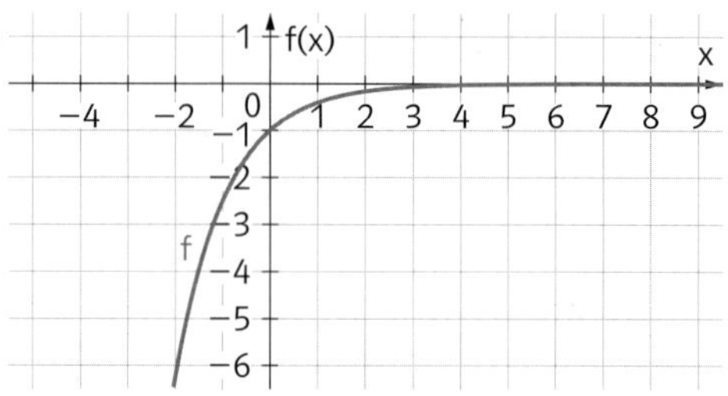

e)

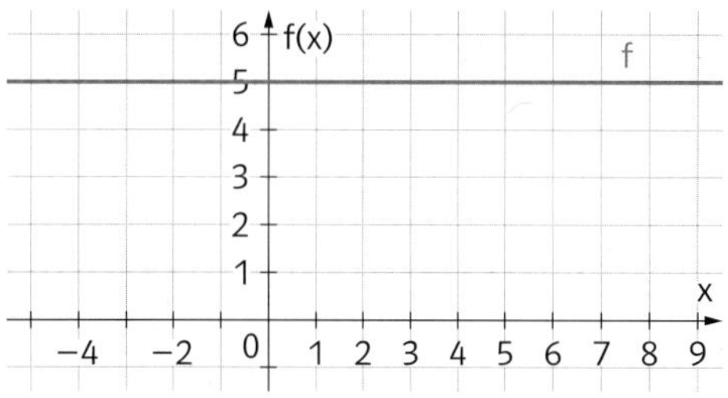

f) z. B.

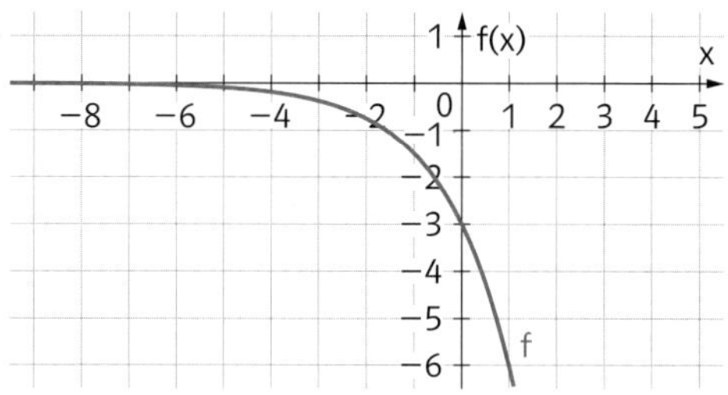

322. A, C, E

323. Musteraufgabe

324. a) $f(x) = 4^x$ b) $f(x) = 3 \cdot \left(\frac{7}{3}\right)^x$ c) $f(x) = -2 \cdot \left(\frac{1}{2}\right)^x$ d) $f(x) = 3^x$ e) $f(x) = -2 \cdot \left(\frac{3}{2}\right)^x$ f) $f(x) = 3 \cdot \left(\frac{1}{4}\right)^x$

325. a) $f(x) = 3 \cdot \left(\frac{5}{2}\right)^x$ b) $f(x) = 32^x$ c) $f(x) = -3 \cdot \left(\frac{1}{2}\right)^x$ d) $f(x) = -5 \cdot \left(\frac{2}{5}\right)^x$ e) $f(x) = 6 \cdot 5^x$ f) $f(x) = -3 \cdot 7^x$

326. a) ja b) nein c) ja

327. a) 1; 0,125 b) 1845,28

328. a) (i) auf das 0,57-fache; auf 57 % (ii) auf das 0,3249-fache; auf 32,49 %
(iii) auf das 0,0602-fache; auf 6,02 % (iv) auf das 0,0111-fache; auf 1,11 %
b) (i) auf das 1,5-fache; auf 150 % (ii) auf das 2,25-fache; auf 225 %
(iii) auf das 7,5938-fache; auf 759,38 % (iv) auf das 25,6289-fache; auf 2 562,89 %
c) (i) auf das 0,89-fache; auf 89 % (ii) auf das 0,7921-fache; auf 79,21 %
(iii) auf das 0,5584-fache; auf 55,84 % (iv) auf das 0,3937-fache; auf 39,37 %
d) (i) auf das 1,75-fache; auf 175 % (ii) auf das 3,0625-fache; auf 306,25 %
(iii) auf das 16,4131-fache; auf 1641,31 % (iv) auf das 87,9639-fache; auf 8 796,39 %
e) (i) auf das 3-fache; auf 300 % (ii) auf das 9-fache; auf 900 %
(iii) auf das 243-fache; auf 24 300 % (iv) auf das 6 561-fache; auf 656 100 %
f) (i) auf das 0,83-fache; auf 83 % (ii) auf das 0,6889-fache; auf 68,89 %
(iii) auf das 0,3939-fache; auf 39,39 % (iv) auf das 0,2252-fache; auf 22,52 %
g) (i) auf das 0,2-fache; auf 20 % (ii) auf das 0,04-fache; auf 4 %
(iii) auf das 0,0003-fache; auf 0,03 % (iv) auf das 0,0000026-fache; auf 0,00026 %

h) (i) auf das 1,2-fache; auf 120 % (ii) auf das 1,44-fache; auf 144 %
(iii) auf das 2,4883-fache; auf 248,83 % (iv) auf das 4,2998-fache; auf 429,98 %

329. **a)** $\ln(3) + 4$ **b)** $\ln(2) - 4\lambda$ **c)** $6\lambda - \ln(a)$ **d)** $\ln(5) + \frac{1}{2} - \ln(2)$ **e)** $\ln(7) - \frac{2}{3}\lambda - \ln(4)$

330. **a)** $2^{6,64}$ **b)** $3^{4,19}$ **c)** $5^{2,86}$ **d)** $7^{2,37}$

331. **a)** $-0,54$ **b)** -2 **c)** $3,04$ **d)** $-4,57$ **e)** $0,29$

332. **a)**

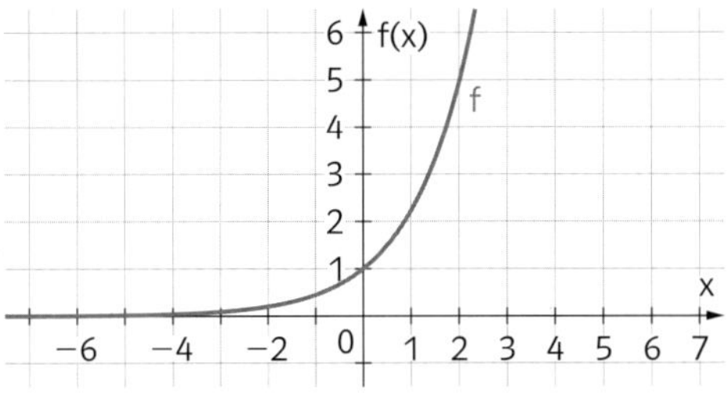

b)

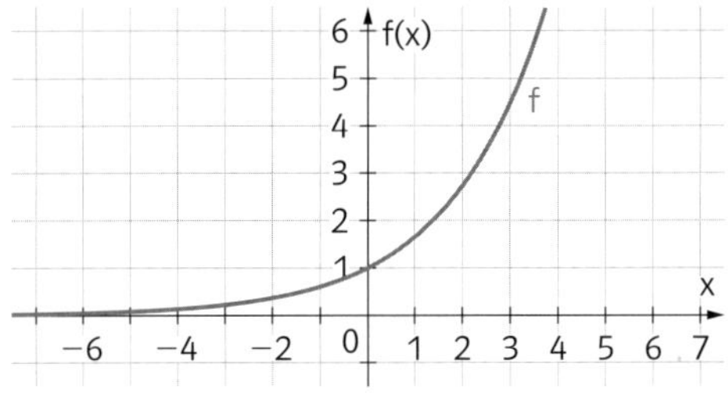

c)

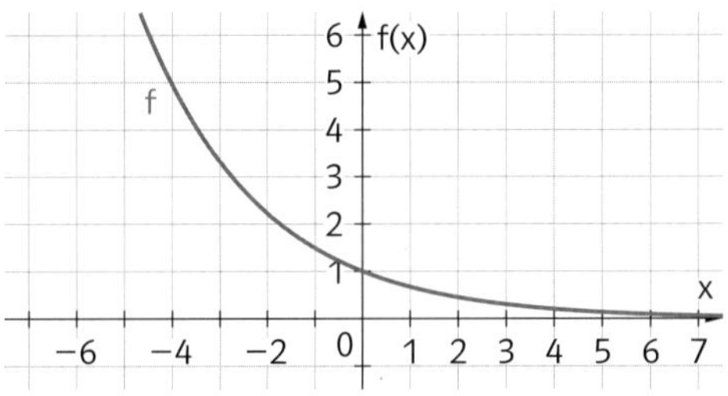

d)

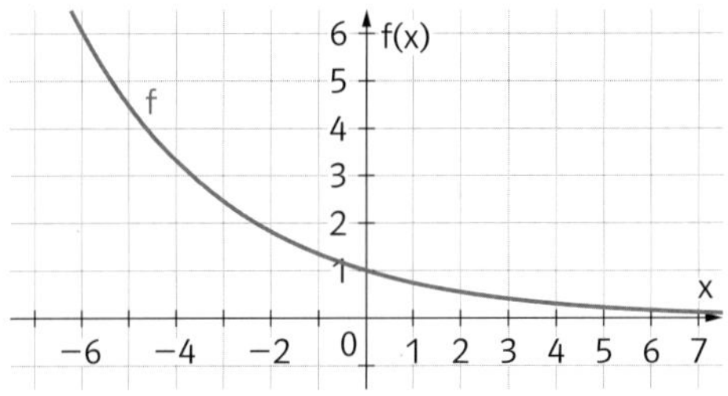

e)

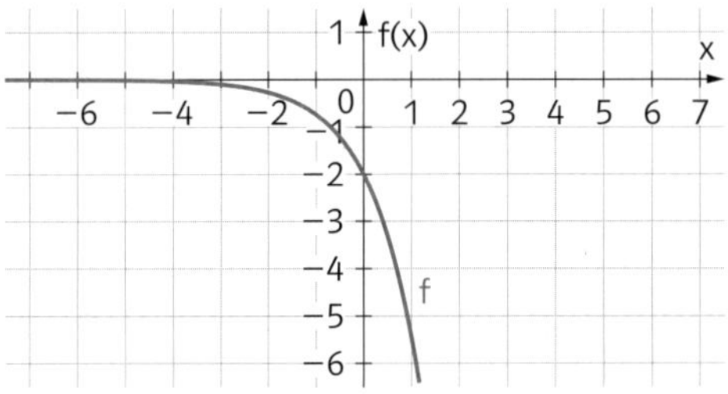

333. **a)** $f(x) = e^{0,693147x}$ **d)** $f(x) = e^{-0,916291x}$ **g)** $f(x) = -3 \cdot e^{-1,38629x}$
b) $f(x) = e^{0,336472x}$ **e)** $f(x) = -3 \cdot e^{1,09861x}$ **h)** $f(x) = -2 \cdot e^{-1,60944x}$
c) $f(x) = e^{-1,09861x}$ **f)** $f(x) = -5 \cdot e^{0,405465x}$

334. **a)** $f(x) = 2,22554^x$ **b)** $f(x) = 1,64872^x$ **c)** $f(x) = 0,67032^x$
d) $f(x) = 0,740818^x$ **e)** $f(x) = -2 \cdot 2,71828^x$

335. (1) $h(x) = -a \cdot e^{\lambda \cdot x}$ (2) $h(x) = a \cdot e^{-\lambda \cdot x}$

336. **a)** $f(x) = 4 \cdot e^{-0,916291x}$ **b)** $f(x) = 2 \cdot e^{0,470004x}$

337. **a)**

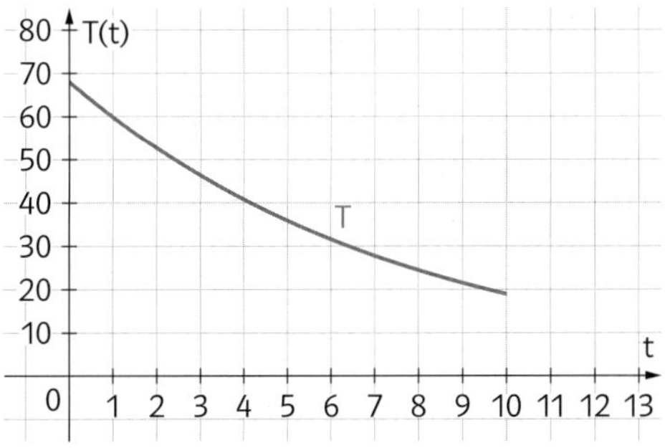

b) $T(0) = 68$ Dieser Wert entspricht der Temperatur des Kochtopfs zum Zeitpunkt $t = 0$.
c) nach ca. 6 Minuten

d) $T(t) = 68 \cdot 0{,}88^t$

e) um ca. 12 %.

338. **a)**

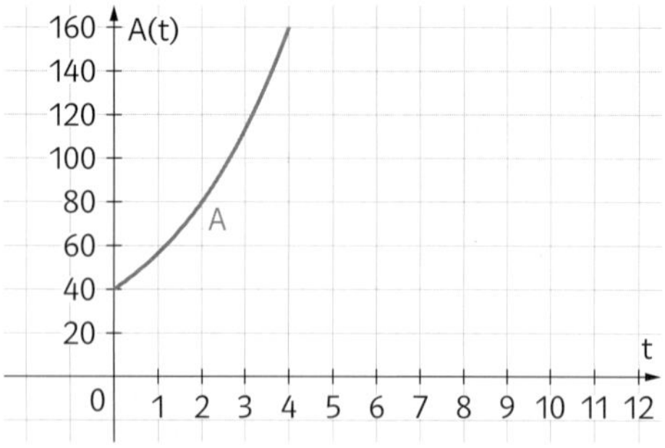

t	0	1	2	3	4
A(t)	40	56,57	80	113,14	160

b) 40 Dies sind die Anzahl der Bakterien zum Zeitpunkt $t = 0$.

c) $A(t) = 40 \cdot 1{,}41421^t$ **d)** um ca. 41,4 %

339. Musteraufgabe

340. **a)** 1) um 12 % 2) um 289,6 % 3) nach 27 Jahren 4) $E(t) = 1200 \cdot e^{0,113329}$

b) 1) um 9 % 2) um 181,3 % 3) nach 23 Jahren 4) $E(t) = 3700 \cdot e^{0,086178}$

c) 1) um 2 % 2) um 26,8 % 3) nach 18 Jahren 4) $E(t) = 17800 \cdot e^{0,019803}$

341. **a)** $N(t) = 60 \cdot 1{,}12^t$ $N(t) = 60 \cdot e^{0,113329t}$

b) ca. 911 Bakterien; Sie haben sich um 1417,9 % vermehrt.

c) nach ca. 6,12 Stunden

342. **a)** $N(t) = 750\,000 \cdot 0{,}87^t$ $N(t) = 750\,000 \cdot e^{-0,139262t}$

b) 186 318 (ca. 186 000); um 75,16 % **c)** ca. 5 Stunden **d)** ca. 16,5 Stunden

343. **a)** $W(t) = 47500 \cdot e^{-0,162519t}$ $W(t) = 47500 \cdot 0{,}85^t$

b) 29 170,94 € bzw. 21 076 € **c)** nach ca. 5 Jahren

344. **a)** 66,5° bzw. 56,1° **b)** nach ca. 4,2 Minuten

345. Um zu berechnen, zu welchem Zeitpunkt der Körper die Umgebungstemperatur T_U annimmt, müsste die Gleichung $T_U = T_U + (T_0 - T_U) \cdot e^{-0,13t}$ gelöst werden. Diese Gleichung ist allerdings nicht lösbar, da $e^{-0,13t}$ nur positive Werte annimmt und daher nie den Wert 0. Hier stößt man an eine Grenze des exponentiellen Modells.

346. **a)** $0 < b < 1$ **b)** $t = \frac{\log\left(\frac{M(t)}{M_0}\right)}{\log(b)}$

347. **a)** $\lambda > 0$ **b)** Die Anzahl der Keime zum Zeitpunkt $t = 0$ **c)** $t = \frac{\ln\left(\frac{K(t)}{a}\right)}{\lambda}$

348. **a)** $D(k) = 0{,}2 \cdot 2^k$ **b)** ca. 41 Mal

c) Bei einer Exponentialfunktion werden die reellen Zahlen als Definitionsmenge zugelassen. Im vorliegenden Beispiel sind aber nur natürliche Zahlen sinnvoll.

349. A, B

350. Musteraufgabe

351. **a)** $h(t) = 119777 \cdot 1{,}02768^t$ bzw. $h(t) = 119777 \cdot e^{0,0273t}$

b) um 2,768 % **c)** nach 40,2 Jahren **d)** ca. $4125\,m^3$

352. $385\,262\,m^3$

353. a) $N(t) = 1\,897\,368 \cdot e^{-0{,}229073t}$
b) ca. 20,47% c) nach ca. 20,1 Stunden

354. a) $h(t) = 28 \cdot 0{,}993097^t$ bzw. $h(t) = 28 \cdot e^{-0{,}006927t}$
b) auf 99,31% c) nach ca. 201 Sekunden ~ 3,34 min

355. nach ca. 5,03 Stunden

356. a) 6 b) 30

357. a) $N(t) = N_0 \cdot e^{-0{,}023105t}$ b) nach ca. 199,3 Jahren

358. a) ca. 3 258 v. Chr. b) [3 103; 3 415] v. Chr.

359. a) $N(t) = N_0 \cdot e^{-0{,}086643t}$ bzw. $N(t) = N_0 \cdot 0{,}917004^t$
b) $N(t) = N_0 \cdot e^{-0{,}000029t}$ bzw. $N(t) = N_0 \cdot 0{,}999971^t$
c) $N(t) = N_0 \cdot e^{-0{,}000433t}$ bzw. $N(t) = N_0 \cdot 0{,}999567^t$
d) $N(t) = N_0 \cdot e^{-0{,}182407t}$ bzw. $N(t) = N_0 \cdot 0{,}833262^t$
e) $N(t) = N_0 \cdot e^{-0{,}031507t}$ bzw. $N(t) = N_0 \cdot 0{,}968984^t$
f) $N(t) = N_0 \cdot e^{-0{,}001605t}$ bzw. $N(t) = N_0 \cdot 0{,}998397^t$

360. a) 0,23 b) 5,62 c) 1,52 d) 1,94 e) 52,98 f) 5,4

361. a) 0,17 b) 0,916 c) 8,3 d) 1,3

362. Verdoppelungszeit $= \frac{\ln(2)}{\lambda}$ bzw. $\frac{\ln(2)}{\ln(b)}$

363. Musteraufgabe

364. Ein exponentielles Modell ist hier anwendbar, da die Ausdrücke $\sqrt[3]{\frac{18\,942}{13\,850}}$, $\sqrt[2]{\frac{23\,300}{18\,942}}$, $\sqrt[4]{\frac{35\,400}{23\,300}}$ annähernd gleich sind. Eine gute Annäherung wäre: $E(t) = 13\,850 \cdot 1{,}11^t$

365. (1) $E(t) = 1318t + 67\,354$ $E(7) = 76\,580$ $E(10) = 80\,534$
(2) $E(t) = 67\,354 \cdot 1{,}02^t$ $E(7) = 77\,369$ $E(10) = 82\,104$

366. a) exponentiell, da sich die Bevölkerungszahl jährlich um einen Faktor vergrößert.
$E(t) = E_0 \cdot 1{,}12^t$
b) linear, da sich die Bevölkerungszahl jährlich um eine fixe Zahl vergrößert.
$E(t) = E_0 + 12 \cdot t$
c) linear, da der Gegenstand jährlich um eine fixe Zahl an Wert zunimmt.
$W(t) = W_0 + 40 \cdot t$
d) exponentiell, da sich die Bakterienzahl stündlich um einen Faktor vergrößert.
$B(t) = B_0 \cdot 1{,}02^t$
e) linear, da das Taschengeld jährlich um eine fixe Zahl vergrößert wird.
$T(t) = T_0 + 20 \cdot t$
f) linear, da das Gehalt jährlich um eine fixe Zahl an Wert zunimmt.
$G(t) = G_0 + a \cdot t$

367. ein exponentielles Modell
$B(t) = 42\,753 \cdot 1{,}07^t$ z. B. $B(4) = 56\,041$ $B(9) = 78\,600$ $B(12) = 96\,288$

368. a) richtig b) falsch c) falsch d) falsch e) richtig

369. a) 3 b) 4 c) −1 d) 3 e) 1 f) 0 g) 1 h) −1

370. **a)**

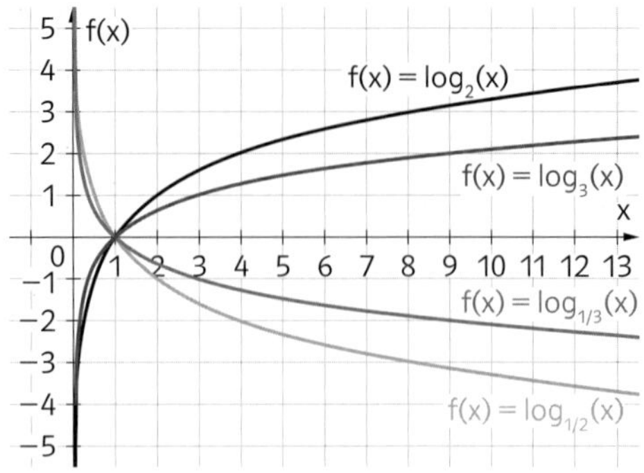

Die Graphen der Funktionen f mit $f(x) = \log_2 x$ und h mit $h(x) = \log_{\frac{1}{2}} x$ bzw. die Graphen der Funktionen $f(x) = \log_3 x$ und h mit $h(x) = \log_{\frac{1}{3}} x$ sind symmetrisch bezüglich der x-Achse.

b) $P = (1 \mid 0)$

c) $b > 1$ → Logarithmusfunktion ist streng monoton steigend.

$0 < b < 1$ → Logarithmusfunktion ist streng monoton fallend.

371. A, D, E, F

372.

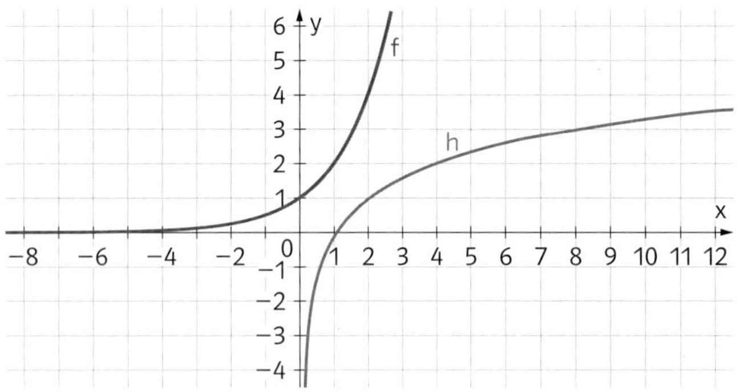

Die beiden Graphen sind symmetrisch bezüglich der ersten Mediane. Die beiden Funktionen sind Umkehrfunktionen.

373. Musteraufgabe

374. **a)**

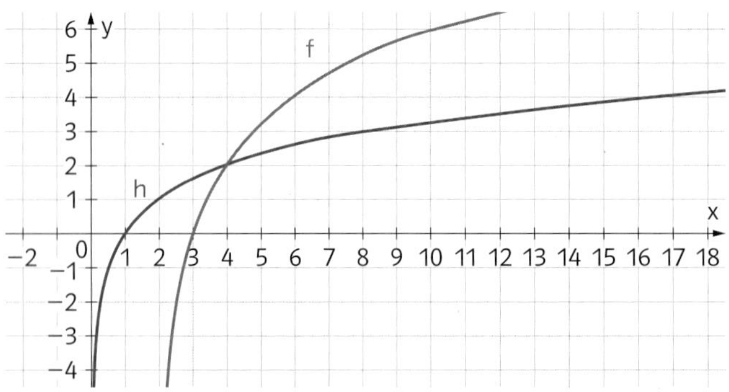

$D_f = (2; \infty)$ Der Graph von f entsteht durch Streckung des Graphen von h entlang der y-Achse mit dem Faktor 2. Außerdem wird der Graph um 2 Einheiten nach rechts verschoben.

b)

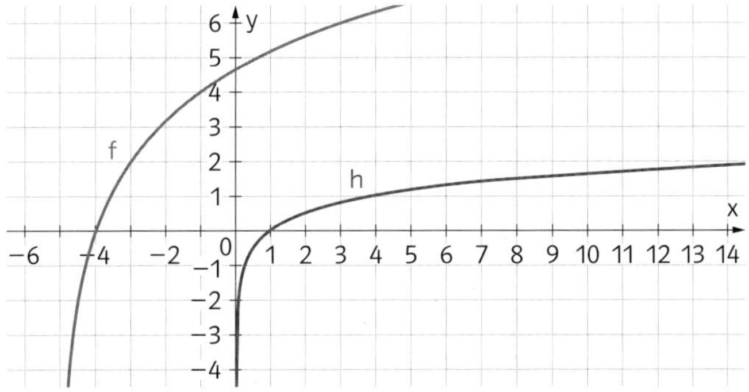

$D_f = (-5; \infty)$ Der Graph von f entsteht durch Streckung des Graphen von h entlang der y-Achse mit dem Faktor 4. Außerdem wird der Graph um 5 Einheiten nach links verschoben.

c)

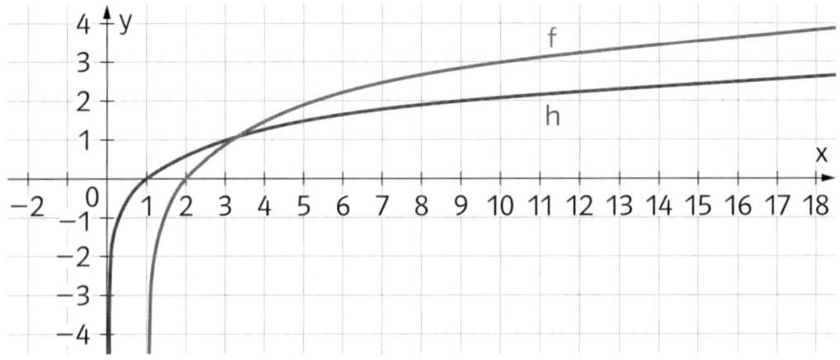

$D_f = (1; \infty)$ Der Graph von f entsteht durch Streckung des Graphen von h entlang der y-Achse mit dem Faktor 1,5. Außerdem wird der Graph um 1 Einheit nach rechts verschoben.

d)

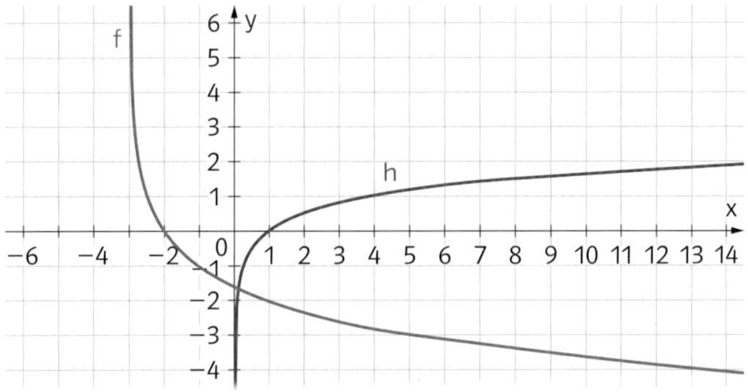

$D_f = (-3; \infty)$ Der Graph von f entsteht durch Streckung des Graphen von h entlang der y-Achse mit dem Faktor 2. Außerdem wird der Graph um 3 Einheiten nach links verschoben. Anschließend wird er entlang der x-Achse gespiegelt.

e)

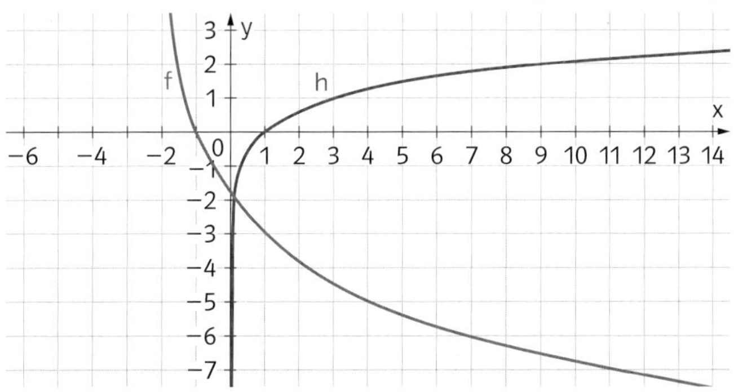

$D_f = (-2; \infty)$ Der Graph von f entsteht durch Streckung des Graphen von h entlang der y-Achse mit dem Faktor 3. Außerdem wird der Graph um 2 Einheiten nach links verschoben. Anschließend wird er entlang der x-Achse gespiegelt.

f)

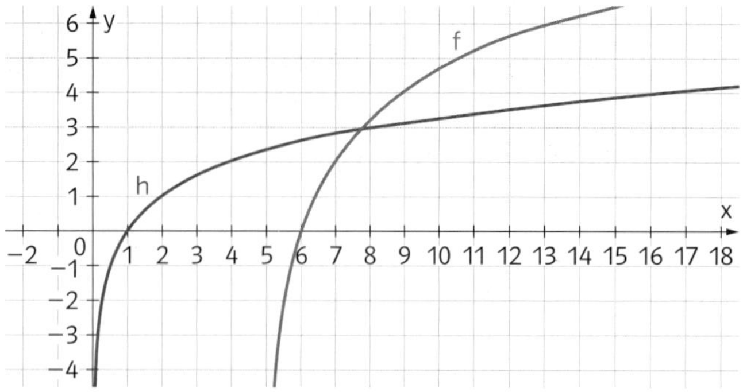

$D_f = (5; \infty)$ Der Graph von f entsteht durch Streckung des Graphen von h entlang der y-Achse mit dem Faktor 2. Außerdem wird der Graph um 5 Einheiten nach rechts verschoben.

375. **a)** Da die Ausdrücke $\sqrt{\frac{4550}{3323}}$ und $\sqrt[3]{\frac{7670}{4550}}$ annähernd gleich sind, kann exponentielles Wachstum angenommen werden. z.B. $B(t) = 2840 \cdot 1{,}17^t$

b) Da der Graph der Funktion ab dem Jahr 2006 annähernd eine Gerade ist, ist ein lineares Modell möglich. $B(t) = 4076 + 599t$ (für $6 \leq t \leq 10$)

c) $a = c$ $r = \ln(b)$ Es muss gelten: $b > 1$ bzw. $r > 0$

376. **a)** $N(t) = 60 \cdot 0{,}917^t$

Der Parameter a gibt die Menge des Elements zu Beginn der Beobachtung an. Mit Hilfe von b erkennt man, wie viel Prozent des Elements jährlich zerfallen (in diesem Fall ca. 8,3 %).

b) 8 Jahre

$0{,}5 \cdot a = a \cdot e^{\lambda \cdot t} \rightarrow 0{,}5 = e^{\lambda \cdot t} \rightarrow t = \frac{\ln(0{,}5)}{\lambda}$

c) relative Änderung; $b^h - 1$

377.–385. Selbstkontrolle (Lösungen im Schulbuch)

7 Winkelfunktionen

Kapitel 7
g37u6q

386. 1D, 2F, 3A, 4E

387. Musteraufgabe

388. a) 1,456 b) 1,072 c) 0,024 d) 1,961
e) 3,365 f) 3,513 g) 6,248

389. a) 318,56° b) 75,63° c) 29,22° d) 134,07°
e) 179,91° f) 349,5° g) 181,06°

390. a) richtig b) richtig c) richtig d) richtig e) richtig f) richtig

391. a) sin(α) positiv, cos(α) positiv, tan(α) positiv
b) sin(α) positiv, cos(α) negativ, tan(α) negativ
c) sin(α) negativ, cos(α) negativ, tan(α) positiv

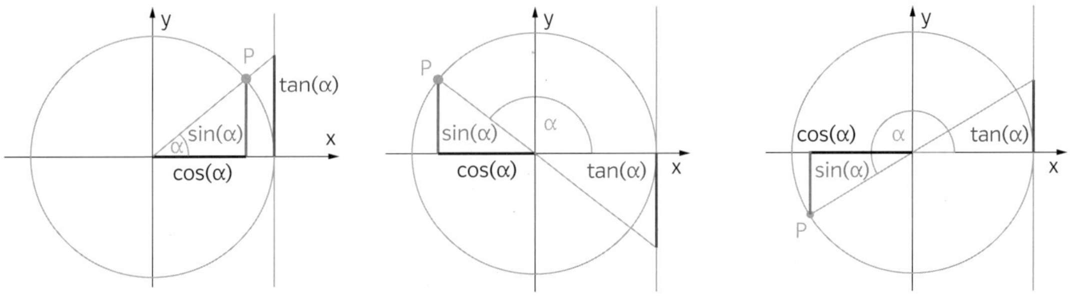

392. a) $\sin(65°) \approx 0{,}91$ $\cos(65°) \approx 0{,}42$ $\tan(65°) \approx 2{,}14$
b) $\sin(109°) \approx 0{,}95$ $\cos(109°) \approx -0{,}33$ $\tan(109°) \approx -2{,}9$
c) $\sin(225°) \approx -0{,}71$ $\cos(225°) \approx -0{,}71$ $\tan(225°) \approx 1$
d) $\sin(300°) \approx -0{,}87$ $\cos(300°) \approx 0{,}5$ $\tan(300°) \approx -1{,}73$

393. a) falsch, da der Sinus im dritten Quadranten negativ ist.
b) richtig
c) richtig, dies ist am Einheitskreis ersichtlich.
d) falsch, Der Cosinus und der Tangens sind z. B. im ersten Quadranten positiv.
e) richtig

394. A, B, C, E

395. Musteraufgabe

396. a) $\alpha_1 = 49°$, $\alpha_2 = 131°$ c) $\alpha_1 = 115°$, $\alpha_2 = 65°$ e) $\alpha_1 \approx 3{,}278$, $\alpha_2 \approx 6{,}1468$
b) $\alpha_1 = 116°$, $\alpha_2 = 64°$ d) $\alpha_1 = 224°$, $\alpha_2 = 316°$

397. a) Eine Funktion f ist periodisch mit Periode $p \neq 0$, wenn für alle x aus der Definitionsmenge gilt: $f(x + p) = f(x)$
b) Eine Funktion f ist gerade, wenn für alle x aus der Definitionsmenge gilt: $f(x) = f(-x)$
c) Eine Funktion f ist ungerade, wenn für alle x aus der Definitionsmenge gilt: $f(x) = -f(-x)$

398. a) (i) kleinste Periode: 4 (ii) ungerade (iii) −4; −2; 0; 2; 4
b) (i) kleinste Periode: 4 (ii) gerade (iii) −3; −1; 1; 3

399. a) Graph der Funktion (vergleiche Seite 109 Schulbuch)

x	$-\pi$	$-\frac{\pi}{2}$	0	$\frac{\pi}{2}$	π	$\frac{3\pi}{2}$	2π	$\frac{5\pi}{2}$	3π	$\frac{7\pi}{2}$	4π
f(x)	0	−1	0	1	0	−1	0	1	0	−1	0

b) Graph der Funktion (vergleiche Seite 109 Schulbuch)

x	$-\pi$	$-\frac{\pi}{2}$	0	$\frac{\pi}{2}$	π	$\frac{3\pi}{2}$	2π	$\frac{5\pi}{2}$	3π	$\frac{7\pi}{2}$	4π
f(x)	−1	0	1	0	−1	0	1	0	−1	0	1

400. Musteraufgabe

401. Wertemenge: $[-1; 1]$
Nullstellen bei $x = -\frac{\pi}{2}; \frac{\pi}{2}; \frac{3\pi}{2}; \frac{5\pi}{2}; \frac{7\pi}{2}$
Maximumstellen bei $x = 0; 2\pi; 4\pi$
Minimumstellen bei $x = -\pi; \pi; 3\pi$
streng monoton fallend in: $[0; \pi]; [2\pi; 3\pi]$
streng monoton steigend in: $[-\pi; 0]; [\pi; 2\pi]; [3\pi; 4\pi]$

402. Wertemenge: $[-1; 1]$
Nullstellen bei $x = \frac{\pi}{2} + k \cdot \pi, k \in \mathbb{Z}$
Maximumstellen bei $x = k \cdot 2\pi, k \in \mathbb{Z}$
Minimumstellen bei $x = \pi + k \cdot 2\pi, k \in \mathbb{Z}$
streng monoton fallend in: $[k \cdot 2\pi; \pi + k \cdot 2\pi]$ $k \in \mathbb{Z}$
streng monoton steigend in: $[-\pi + k \cdot 2\pi; k \cdot 2\pi]$ $k \in \mathbb{Z}$
periodische, gerade Funktion
kleinste Periode: 2π

403. Musteraufgabe

404. a)

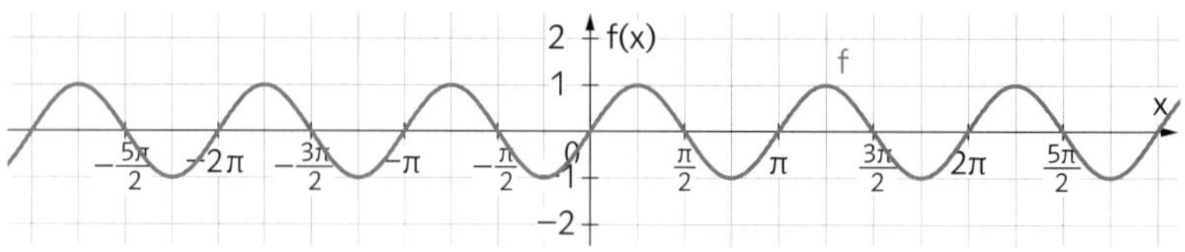

Definitionsmenge: $\mathbb{R}$
Wertemenge: $[-1; 1]$
Nullstellen bei $x = \frac{\pi}{2} + k \cdot \frac{\pi}{2}, k \in \mathbb{Z}$

Maximumstellen bei $x = \frac{\pi}{4} + k \cdot \pi, k \in \mathbb{Z}$

Minimumstellen bei $x = -\frac{\pi}{4} + k \cdot \pi, k \in \mathbb{Z}$

streng monoton fallend in: $\left[\frac{\pi}{4} + k \cdot \pi; \frac{3\pi}{4} + k \cdot \pi\right]$ $k \in \mathbb{Z}$

streng monoton steigend in: $\left[-\frac{\pi}{4} + k \cdot \pi; \frac{\pi}{4} + k \cdot \pi\right]$ $k \in \mathbb{Z}$

periodische, ungerade Funktion
kleinste Periode: π

b)

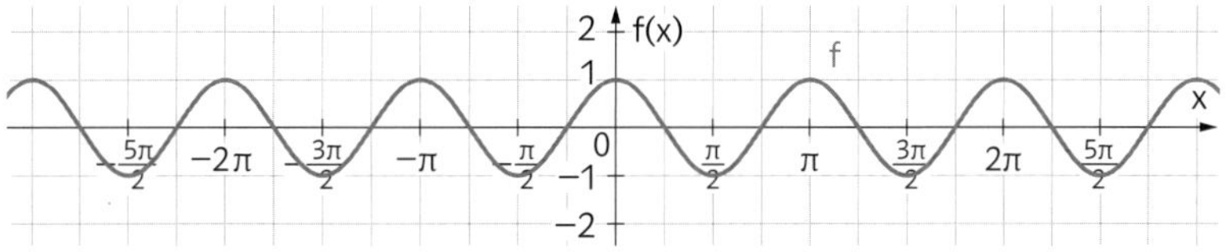

Definitionsmenge: $\mathbb{R}$
Wertemenge: $[-1; 1]$
Nullstellen bei $x = \frac{\pi}{4} + k \cdot \frac{\pi}{2}, k \in \mathbb{Z}$

Maximumstellen bei $x = k \cdot \pi, k \in \mathbb{Z}$

Minimumstellen bei $x = -\frac{\pi}{2} + k \cdot \pi, k \in \mathbb{Z}$

streng monoton fallend in: $\left[k \cdot \pi; \frac{\pi}{2} + k \cdot \pi\right]$ $k \in \mathbb{Z}$

streng monoton steigend in: $\left[\frac{\pi}{2} + k \cdot \pi; \pi + k \cdot \pi\right]$ $k \in \mathbb{Z}$

periodische, gerade Funktion
kleinste Periode: π

c)

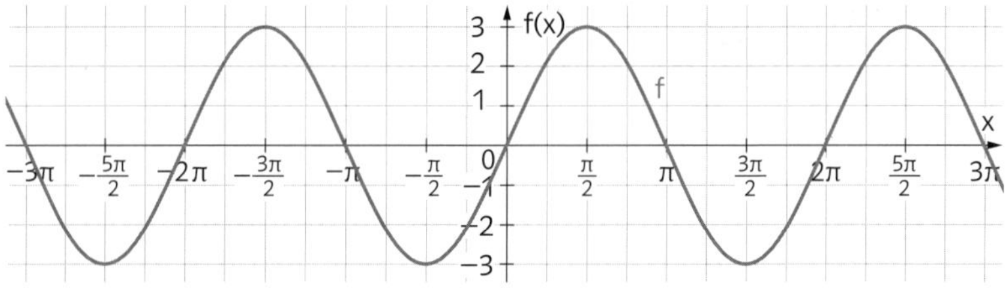

Definitionsmenge: $\mathbb{R}$
Wertemenge: $[-3; 3]$
Nullstellen bei $x = k \cdot \pi, k \in \mathbb{Z}$
Maximumstellen bei $x = \frac{\pi}{2} + k \cdot 2\pi, k \in \mathbb{Z}$

Minimumstellen bei $x = -\frac{\pi}{2} + k \cdot 2\pi, k \in \mathbb{Z}$

streng monoton fallend in: $\left[\frac{\pi}{2} + k \cdot 2\pi; \frac{3\pi}{2} + k \cdot 2\pi\right]$ $k \in \mathbb{Z}$

streng monoton steigend in: $\left[-\frac{\pi}{2} + k \cdot 2\pi; \frac{\pi}{2} + k \cdot 2\pi\right]$ $k \in \mathbb{Z}$

periodische, ungerade Funktion
kleinste Periode: 2π

d)

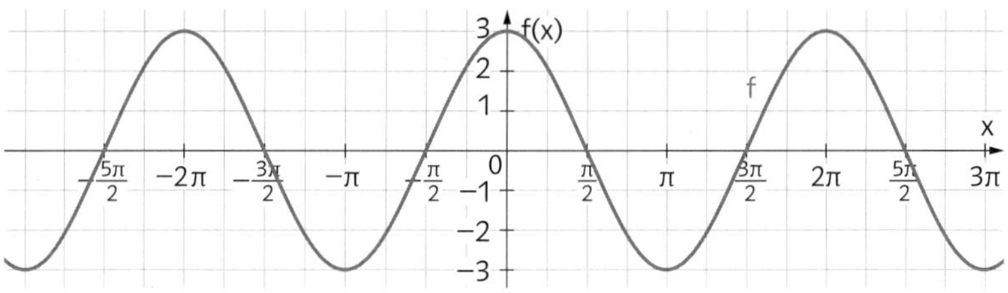

Definitionsmenge: $\mathbb{R}$
Wertemenge: $[-3; 3]$
Nullstellen bei $x = \frac{\pi}{2} + k \cdot \pi, k \in \mathbb{Z}$
Maximumstellen bei $x = k \cdot 2\pi, k \in \mathbb{Z}$
Minimumstellen bei $x = -\pi + k \cdot 2\pi, k \in \mathbb{Z}$
streng monoton fallend in: $[k \cdot 2\pi; k \cdot 2\pi + \pi]$ $k \in \mathbb{Z}$
streng monoton steigend in: $[-\pi + k \cdot 2\pi; k \cdot 2\pi]$ $k \in \mathbb{Z}$
periodische, gerade Funktion
kleinste Periode: 2π

e)

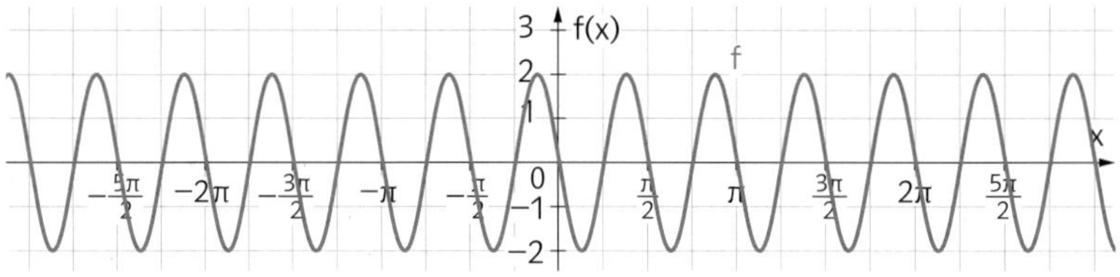

Definitionsmenge: $\mathbb{R}$
Wertemenge: $[-2; 2]$
Nullstellen bei $x = \frac{\pi}{4} + k \cdot \frac{\pi}{4}, k \in \mathbb{Z}$

Maximumstellen bei $x = \frac{3\pi}{8} + k \cdot \frac{\pi}{2}, k \in \mathbb{Z}$

Minimumstellen bei $x = \frac{\pi}{8} + k \cdot \frac{\pi}{2}, k \in \mathbb{Z}$

streng monoton fallend in: $\left[\frac{3\pi}{8} + k \cdot \frac{\pi}{2}; \frac{5\pi}{8} + k \cdot \frac{\pi}{2}\right] k \in \mathbb{Z}$

streng monoton steigend in: $\left[\frac{\pi}{8} + k \cdot \frac{\pi}{2}; \frac{3\pi}{8} + k \cdot \frac{\pi}{2}\right] k \in \mathbb{Z}$

periodische, ungerade Funktion
kleinste Periode: $\frac{\pi}{2}$

f)

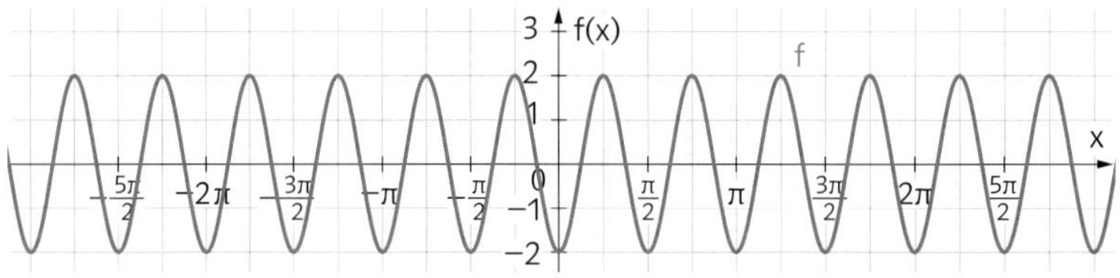

Definitionsmenge: $\mathbb{R}$
Wertemenge: $[-2; 2]$
Nullstellen bei $x = \frac{\pi}{8} + k \cdot \frac{\pi}{4}, k \in \mathbb{Z}$

Maximumstellen bei $x = \frac{\pi}{4} + k \cdot \frac{\pi}{2}, k \in \mathbb{Z}$

Minimumstellen bei $x = k \cdot \frac{\pi}{2}, k \in \mathbb{Z}$

streng monoton fallend in: $\left[\frac{\pi}{4} + k \cdot \frac{\pi}{2}; \frac{\pi}{2} + k \cdot \frac{\pi}{2}\right] k \in \mathbb{Z}$

streng monoton steigend in: $\left[k \cdot \frac{\pi}{2}; \frac{\pi}{4} + k \cdot \frac{\pi}{2}\right] k \in \mathbb{Z}$

periodische, gerade Funktion
kleinste Periode: $\frac{\pi}{2}$

405.
a) Sinusfunktion, Tangensfunktion
b) Tangensfunktion
c) Cosinusfunktion
d) Cosinusfunktion, Sinusfunktion, Tangensfunktion
e) Cosinusfunktion

406.
a) Da sin(α) im ersten Quadranten für größer werdenden Winkel steigt, allerdings im zweiten Quadranten fällt.
b) falsch, da die kleinster Periode π ist.
c) falsch, da man den Sinus am Einheitskreis für beliebige Winkel einzeichnen kann und daher den Kreis beliebig oft „durchlaufen" kann.

407. A, B, D

408. **a)**

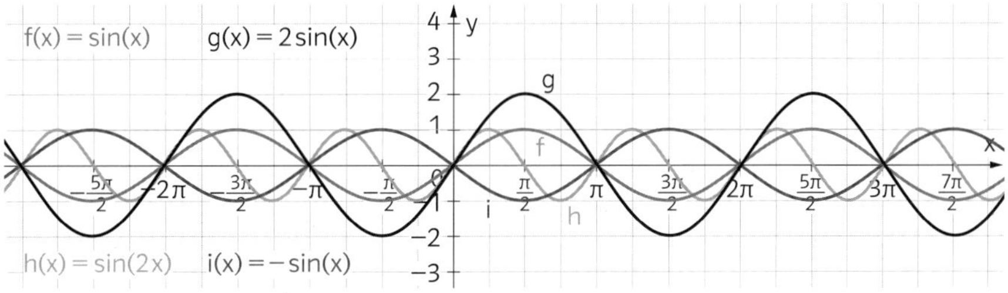

b) Der Graph von f schwingt im Intervall [0; 2π] einmal.
Der Graph von g schwingt im Intervall [0; 2π] einmal.
Der Graph von h schwingt im Intervall [0; 2π] zweimal.
Der Graph von i schwingt im Intervall [0; 2π] einmal.
Der Graph von g entsteht durch Streckung des Graphen von f entlang der y-Achse mit dem Faktor 2.
Der Graph von h entsteht durch Stauchung des Graphen von f entlang der x-Achse.
Die Graphen von f und i sind symmetrisch bezüglich der x-Achse.

409. Musteraufgabe

410. **a)**

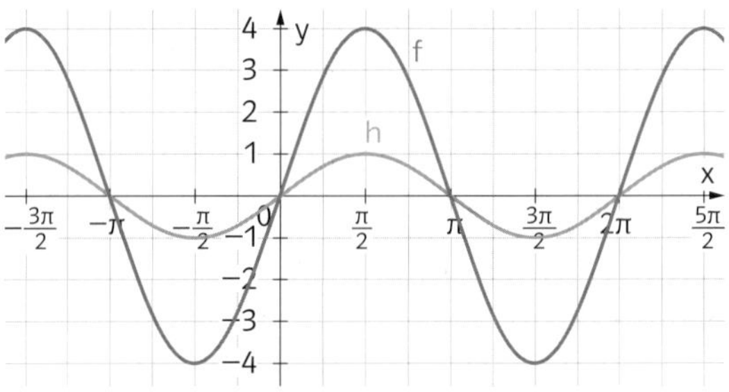

Der Graph von f schwingt im Intervall [0; 2π] einmal. Man erhält den Graphen von f durch Streckung des Graphen von h entlang der y-Achse mit dem Faktor 4.

b)

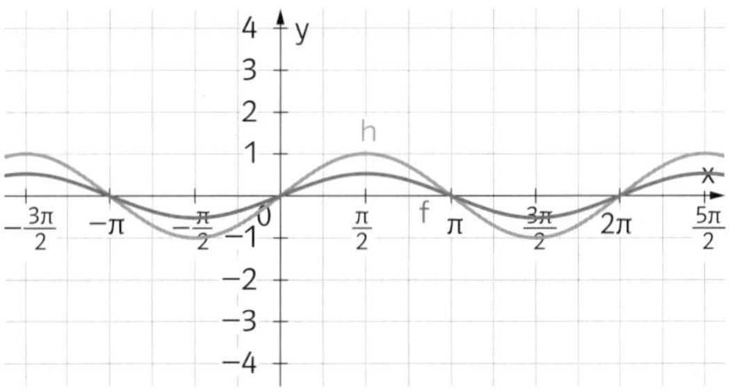

Der Graph von f schwingt im Intervall [0; 2π] einmal. Man erhält den Graphen von f durch Stauchung des Graphen von h entlang der y-Achse mit dem Faktor 0,25.

c)

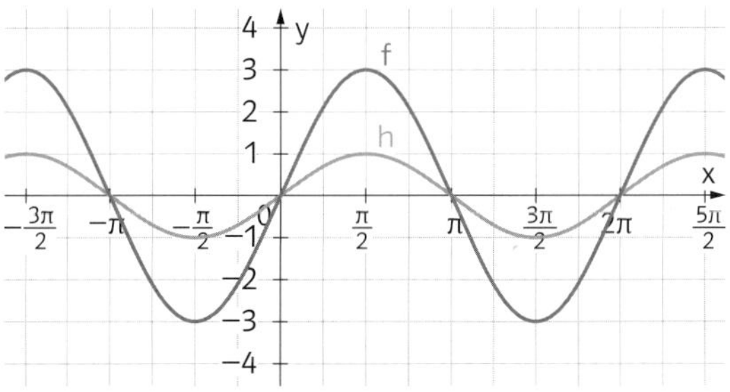

Der Graph von f schwingt im Intervall [0; 2π] einmal. Man erhält den Graphen von f durch Streckung des Graphen von h entlang der y-Achse mit dem Faktor 3.

d)

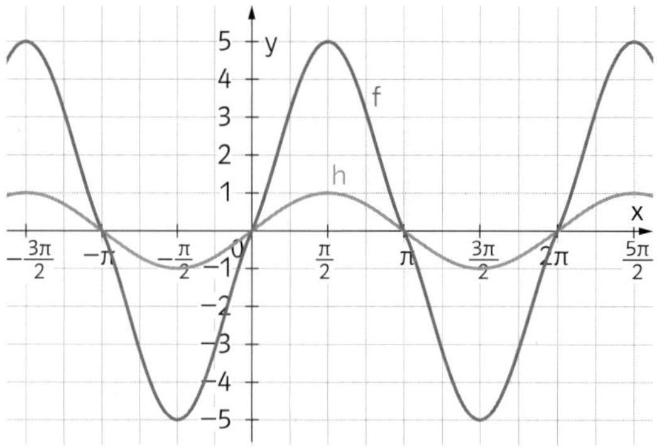

Der Graph von f schwingt im Intervall $[0; 2\pi]$ einmal. Man erhält den Graphen von f durch Streckung des Graphen von h entlang der y-Achse mit dem Faktor 5 und durch Spiegelung entlang der x-Achse.

411. a)

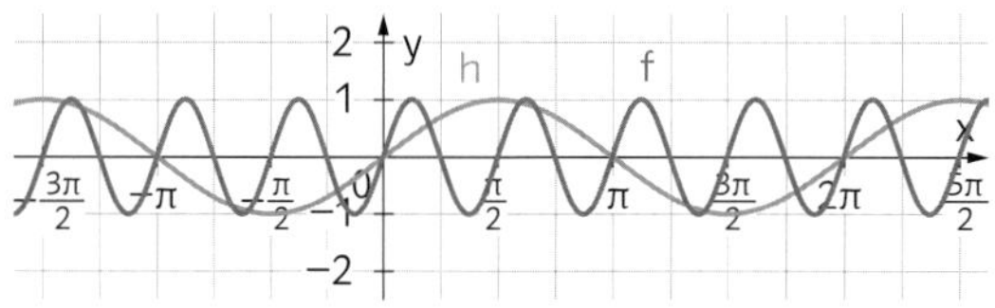

Der Graph von f schwingt im Intervall $[0; 2\pi]$ viermal. Man erhält den Graphen von f durch Stauchung des Graphen von h entlang der x-Achse mit dem Faktor $\frac{1}{4}$.

b)

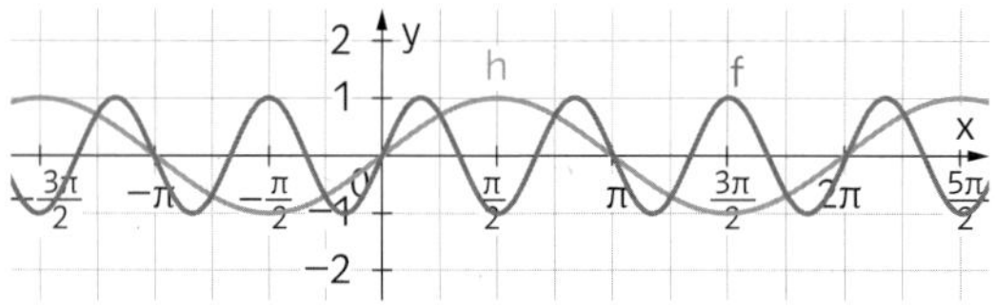

Der Graph von f schwingt im Intervall $[0; 2\pi]$ dreimal. Man erhält den Graphen von f durch Stauchung des Graphen von h entlang der x-Achse mit dem Faktor $\frac{1}{3}$.

c)

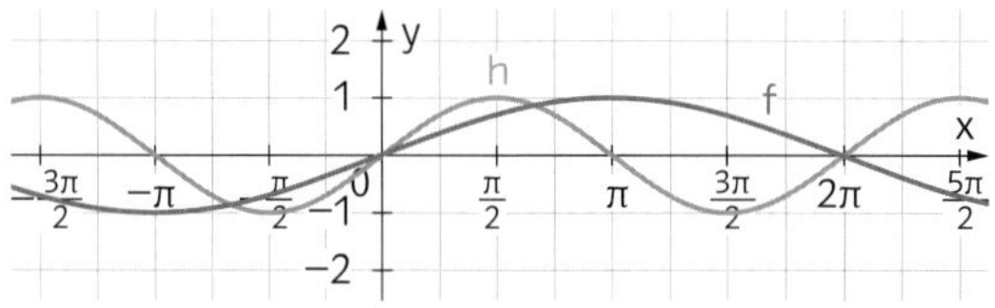

Der Graph von f schwingt im Intervall $[0; 2\pi]$ ein halbes Mal. Man erhält den Graphen von f durch Streckung des Graphen von h entlang der x-Achse mit dem Faktor 2.

412. a)

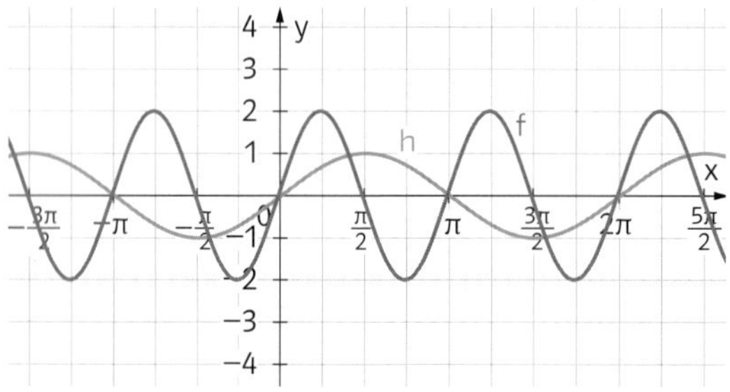

Der Graph von f schwingt im Intervall $[0; 2\pi]$ zweimal und besitzt die kleinste Periode π. Man erhält den Graphen von f durch Streckung des Graphen von h entlang der y-Achse mit dem Faktor 2 und durch Stauchung entlang der x-Achse mit dem Faktor $\frac{1}{2}$.

b)

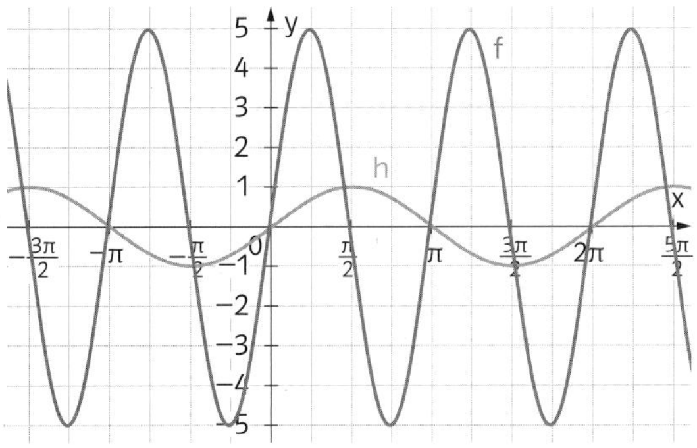

Der Graph von f schwingt im Intervall $[0; 2\pi]$ zweimal und besitzt die kleinste Periode π. Man erhält den Graphen von f durch Streckung des Graphen von h entlang der y-Achse mit dem Faktor 5 und durch Stauchung entlang der x-Achse mit dem Faktor $\frac{1}{2}$.

c)

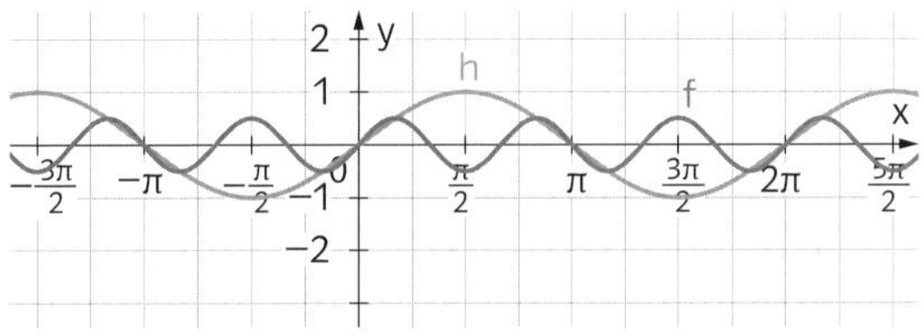

Der Graph von f schwingt im Intervall $[0; 2\pi]$ dreimal und besitzt die kleinste Periode $\frac{2\pi}{3}$. Man erhält den Graphen von f durch Stauchung des Graphen von h entlang der y-Achse mit dem Faktor 0,5 und durch Stauchung entlang der x-Achse mit dem Faktor $\frac{1}{3}$.

d)

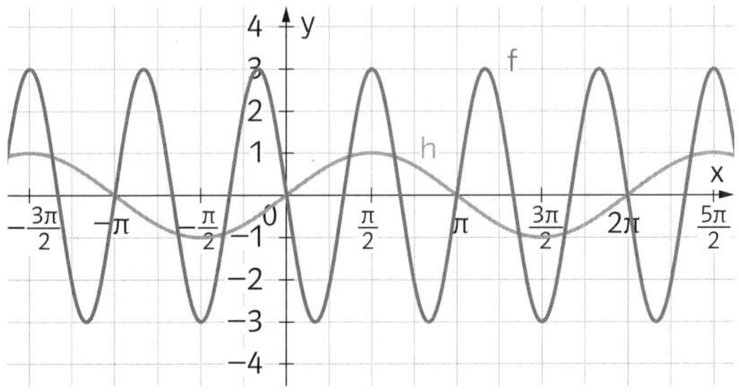

Der Graph von f schwingt im Intervall $[0; 2\pi]$ dreimal und besitzt die kleinste Periode $\frac{2\pi}{3}$. Man erhält den Graphen von f durch Streckung des Graphen von h entlang der y-Achse mit dem Faktor 3, durch Stauchung entlang der x-Achse mit dem Faktor $\frac{1}{3}$ und durch Spiegelung entlang der x-Achse.

e)

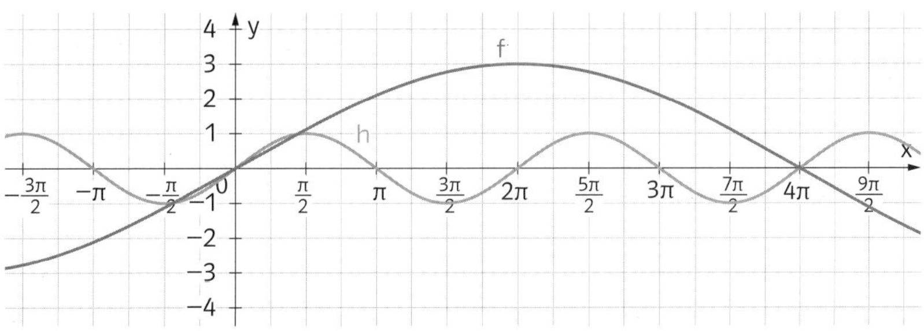

Der Graph von f schwingt im Intervall $[0; 2\pi]$ ein Viertelmal und besitzt die kleinste Periode 8π. Man erhält den Graphen von f durch Streckung des Graphen von h entlang der y-Achse mit dem Faktor 3 und durch Streckung entlang der x-Achse mit dem Faktor 4.

f)

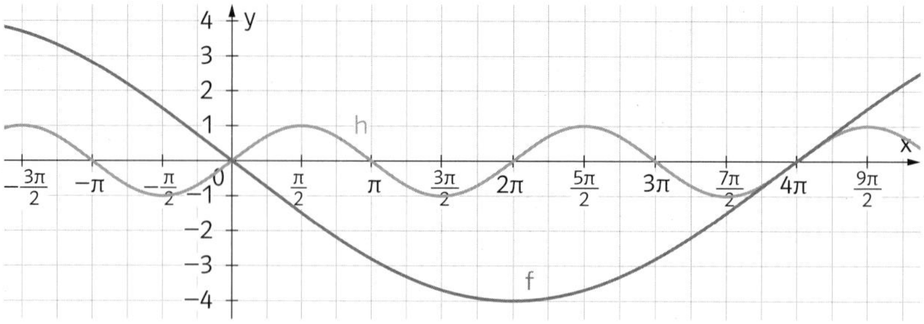

Der Graph von f schwingt im Intervall $[0; 2\pi]$ ein Viertelmal und besitzt die kleinste Periode 8π. Man erhält den Graphen von f durch Streckung des Graphen von h entlang der y-Achse mit dem Faktor 4, durch Streckung entlang der x-Achse mit dem Faktor 4 und durch Spiegelung entlang der x-Achse.

413. a) $a = 3, b = 2$ b) $a = 3, b = 0{,}5$ c) $a = 2, b = 3$ d) $a = 3, b = 4$

414. a) $\frac{5\pi}{3}$ b) 2 c) 4 d) $\frac{2\pi}{u}$

415. a) $f(x) = 3 \cdot \cos(x)$ b) $f(x) = -\cos(x)$ c) $f(x) = 3 \cdot \cos\left(x + \frac{\pi}{2}\right)$

416. Musteraufgabe

417. a)

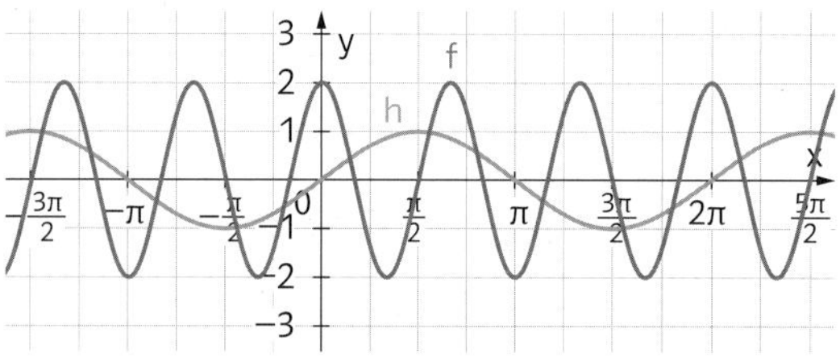

Man erhält den Graphen von f durch Streckung des Graphen von h entlang der y-Achse mit dem Faktor 2 und durch Stauchung entlang der x-Achse mit dem Faktor $\frac{1}{3}$. Danach wird dieser Graph noch um $\frac{\pi}{6}$ Einheiten nach links verschoben.

b)

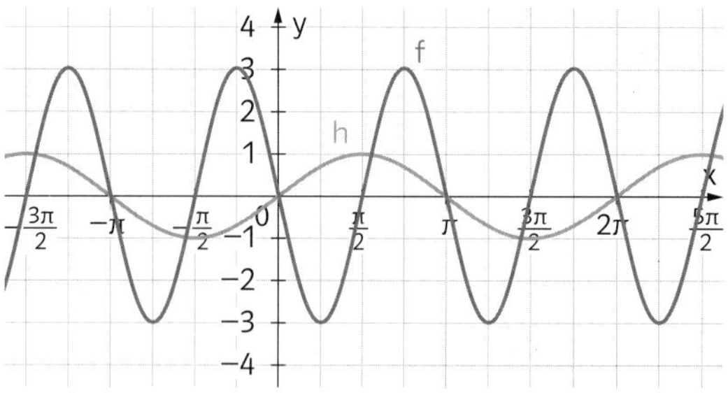

Man erhält den Graphen von f durch Streckung des Graphen von h entlang der y-Achse mit dem Faktor 3 und durch Stauchung entlang der x-Achse mit dem Faktor $\frac{1}{2}$. Danach wird dieser Graph noch um $\frac{\pi}{2}$ Einheiten nach rechts verschoben.

c) 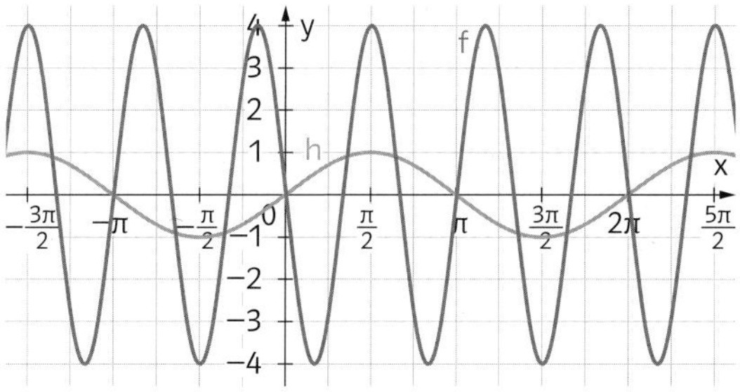

Man erhält den Graphen von f durch Streckung des Graphen von h entlang der y-Achse mit dem Faktor 4 und durch Stauchung entlang der x-Achse mit dem Faktor $\frac{1}{3}$. Danach wird dieser Graph noch um $\frac{\pi}{3}$ Einheiten nach links verschoben.

418. A, D

419. Musteraufgabe

420. a) 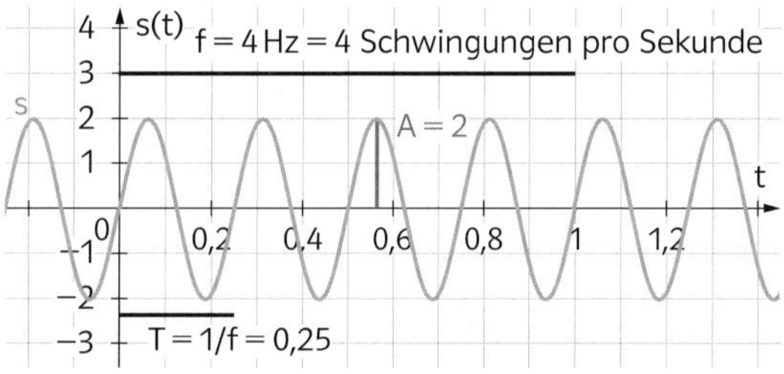

$s(t) = 2 \cdot \sin(8\pi x)$

b) 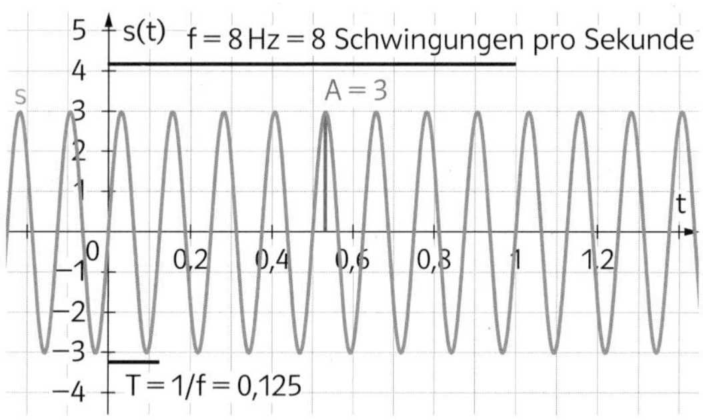

$s(t) = 3 \cdot \sin(16\pi x)$

421. Musteraufgabe

422. a) 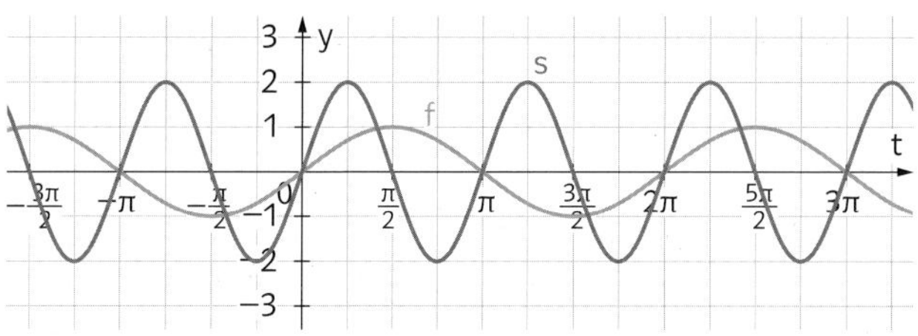

Man erhält den Graphen von s durch Streckung des Graphen von f entlang der y-Achse mit dem Faktor 2 und durch Stauchung entlang der t-Achse mit dem Faktor $\frac{1}{2}$.

$T = \pi,\ f = \frac{1}{\pi}$

b)

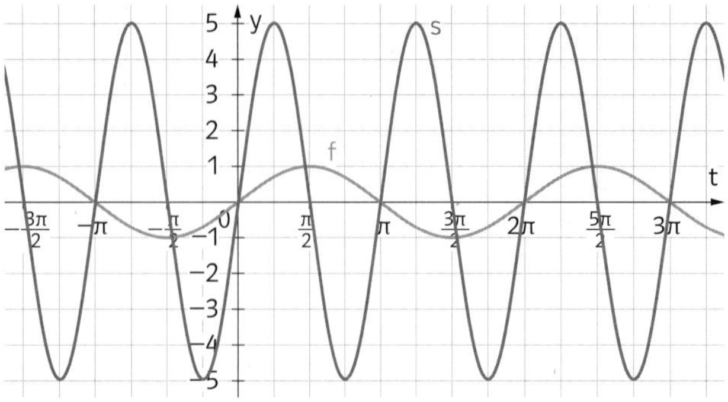

Man erhält den Graphen von s durch Streckung des Graphen von f entlang der y-Achse mit dem Faktor 5 und durch Stauchung entlang der t-Achse mit dem Faktor $\frac{1}{2}$.

$T = \pi, f = \frac{1}{\pi}$

c)

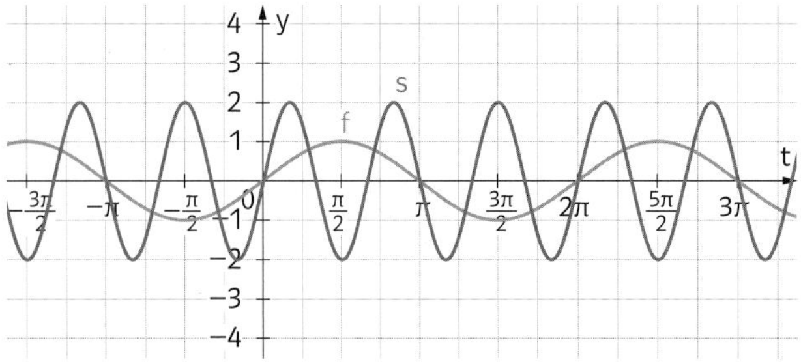

Man erhält den Graphen von s durch Streckung des Graphen von f entlang der y-Achse mit dem Faktor 2 und durch Stauchung entlang der t-Achse mit dem Faktor $\frac{1}{3}$.

$T = \frac{2\pi}{3}, f = \frac{3}{2\pi}$

d)

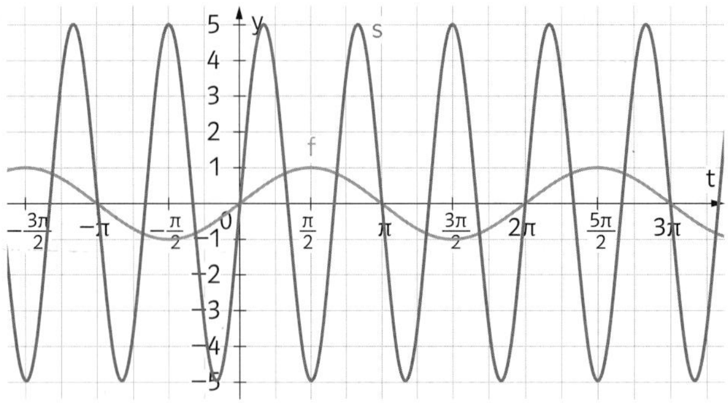

Man erhält den Graphen von s durch Streckung des Graphen von f entlang der y-Achse mit dem Faktor 5 und durch Stauchung entlang der t-Achse mit dem Faktor $\frac{1}{3}$.

$T = \frac{2\pi}{3}, f = \frac{3}{2\pi}$

e)

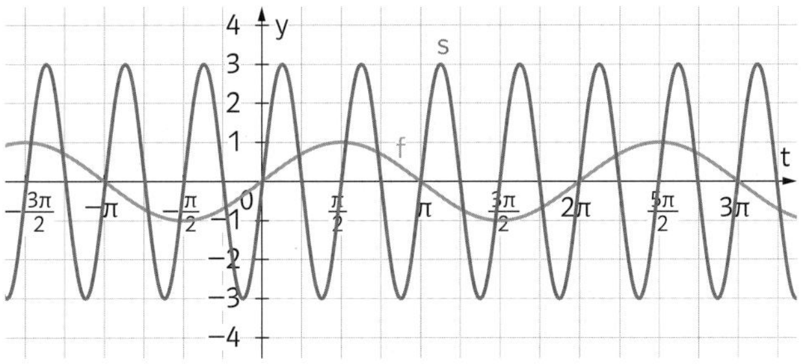

Man erhält den Graphen von s durch Streckung des Graphen von f entlang der y-Achse mit dem Faktor 3 und durch Stauchung entlang der t-Achse mit dem Faktor $\frac{1}{4}$.

$T = \frac{2\pi}{4}$, $f = \frac{4}{2\pi}$

f)

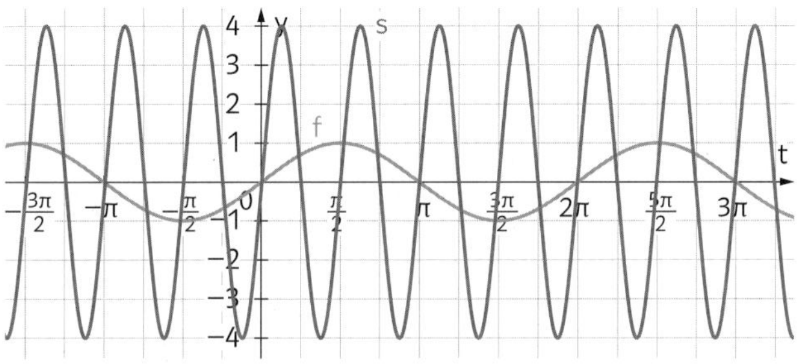

Man erhält den Graphen von s durch Streckung des Graphen von f entlang der y-Achse mit dem Faktor 4 und durch Stauchung entlang der t-Achse mit dem Faktor $\frac{1}{4}$.

$T = \frac{2\pi}{4}$, $f = \frac{4}{2\pi}$

423. **a)** $L(21) \approx 8{,}92$, $L(80) \approx 12{,}21$, $L(355) \approx 8{,}34$
Die Daten sind gute Annäherungen für die tatsächlichen Tageslängen.
b) $t = 171{,}25$ Tage → 20. Juni Tageslänge mit 16,08 Stunden
c) 18. März bzw. 23. September

424. **a)** $v(12) \cong -0{,}55$ l/s, $v(30) \cong -0{,}68$ l/s
Da die Vorzeichen negativ sind, atmet der Mensch zu diesen Zeitpunkten aus.
b) Für einen vollen Atemzyklus benötigt er ca. 4,6 Sekunden. In einer Minute schafft er daher ca. 13 Atemzüge.
c) Die maximale Atemgeschwindigkeit bist ca. 0,68 l/s.
d) $t \approx 1{,}15$ s An einer Nullstelle findet der Wechsel zwischen Ein- und Ausatmen statt.
e) B, C

425.–432. Selbstkontrolle (Lösungen im Schulbuch)

433.–443. Kompetenzcheck (Lösungen im Schulbuch)

8 Folgen

Kapitel 8
2r8bw9

444. Musteraufgabe

445. a) (2; 5; 8; 11; 14) b) (3; 9; 19; 33; 51) c) (2; 4; 8; 16; 32)
d) $\left(2; 1; \frac{2}{3}; \frac{1}{2}; \frac{2}{5}\right)$ e) (−1; 1; −1; 1; −1) f) (−1; 4; −7; 10; −13)

446. a) (1; −2; 3; −4; 5; −6) b) $\left(\frac{1}{2}; 0; \frac{1}{2}; 0; \frac{1}{2}; 0\right)$ c) $\left(1; \frac{1}{2}; \frac{1}{3}; \frac{1}{4}; \frac{1}{5}; \frac{1}{6}\right)$
d) (3; −6; 9; −12; 15; −18) e) (−1; −4; −9; −16; −25; −36)

447. 1E, 2B, 3F, 4A

448.

	a_{10}	a_{100}	a_{1000}	$a_{100\,000}$	$a_{1\,000\,000}$	nähert sich
a)	2,3	2,93	2,99	2,99993	2,999993	3
b)	−2,45	−2,495	−2,4995	−2,499995	−2,4999995	−2,5
c)	1,76	1,975	1,9975	1,999975	1,9999975	2
d)	−1,15	−1,015	−1,0015	−1,000015	−1,0000015	−1
e)	−5,1875	−4,0969	−4,0095	−4,000095	−4,0000095	−4

449. a) $a_n = n$ b) $a_n = 2n$ c) $a_n = 2n - 1$ d) $a_n = n^3$

450. a) $a_n = \sqrt{n}$; $(1, \sqrt{2}, \sqrt{3}, 2)$ b) $a_n = 2n^3$; (2, 16, 54, 128) c) $a_n = \frac{n^2+1}{2}$; (1; 2,5; 5; 8,5)

451. (1) a) $1\frac{1}{6}$ b) 64 c) 3 d) 8 e) 46 f) 57
(2) Jede Zahl wäre prinzipiell möglich.

452. a) (3; 7; 15; 31; 63) c) (−2; 12; 264; 138 864; $3{,}86 \cdot 10^{10}$)
b) (0; −1,5; −2,25; −2,625; −2,8125) d) (−1; −2; −2; −2; −2)

453. a) (3; 10; 41; 130; 399) c) (3; 9; 18; 45; 99)
b) (4; 2; 10; 32; 106) d) (3; 5; 23; 83; 317)

454. a) $a_{n+1} = a_n^{\,3}$ b) $a_{n+1} = \frac{a_n}{2} + 5$ c) $a_{n+1} = \sqrt{a_n} - 10$ d) $a_{n+1} = \frac{a_n + 3}{a_n - 3}$

455.
a) (−1; 3; 7; 11; 15) $a_{n+1} = a_n + 4$ $a_1 = -1$
b) (1,5; 2; 2,5; 3; 3,5) $a_{n+1} = a_n + 0{,}5$ $a_1 = 1{,}5$
c) (1; 3; 5; 7; 9) $a_{n+1} = a_n + 2$ $a_1 = 1$
d) (4; 6; 8; 10; 12) $a_{n+1} = a_n + 2$ $a_1 = 4$
e) (2; 3,25; 4,5; 5,75; 7) $a_{n+1} = a_n + 1{,}25$ $a_1 = 2$
f) (−1,2; −2,8; −4,4; −6; −7,6) $a_{n+1} = a_n - 1{,}6$ $a_1 = -1{,}2$
g) (−10; −20; −40; −80; −160) $a_{n+1} = 2 \cdot a_n$ $a_1 = -10$
h) (3,6; 3,2; 2,8; 2,4; 2) $a_{n+1} = a_n - 0{,}4$ $a_1 = 3{,}6$

456. a) $a_{n+1} = a_n - 4$; $a_1 = 5$ c) $a_{n+1} = 2 \cdot a_n$; $a_1 = 4$
b) $a_{n+1} = \frac{a_n}{2}$; $a_1 = 10$ d) $a_{n+1} = 3$; $a_1 = 3$

457. explizit: + jedes Folgenglied kann direkt berechnet werden
− der explizite Term ist oft schwierig zu finden

rekursiv: + die rekursive Darstellung ist oft einfacher zu finden
– zur Berechnung eines bestimmten Folgengliedes sind zuerst alle vorherigen Folgenglieder zu berechnen

458. Musteraufgabe

459. **a)** (1,5; 1; 0,5; 0; –0,5)

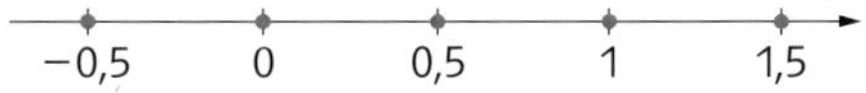

b) (1,5; 3; 5,5; 9; 13,5)

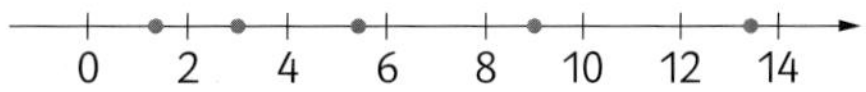

c) (25; 12,5; 6,25; 3,125; 1,5625

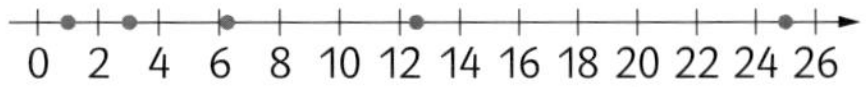

d) (3; 2,5; 2,33; 2,25; 2,2)

460. Musteraufgabe

461. **a)** (4,4; 4,8; 5,2; 5,6; 6; 6,4)

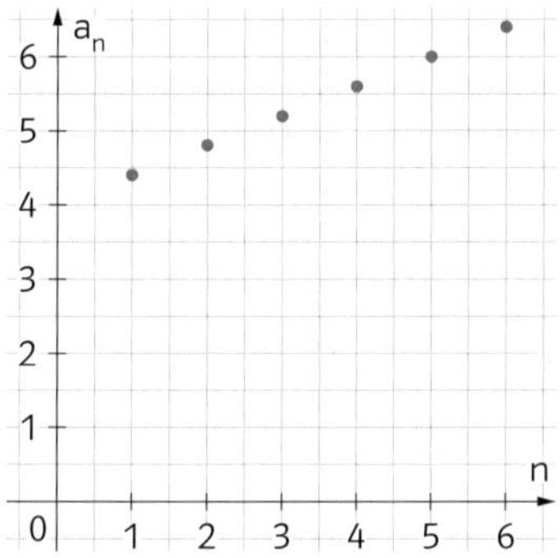

b) (1; 4; 9; 16; 25; 36)

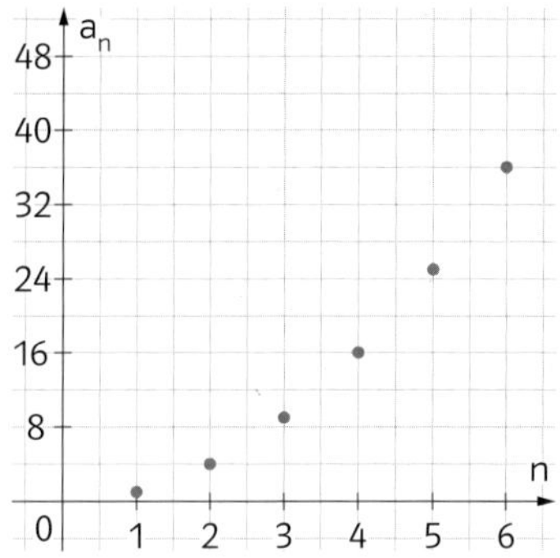

c) (7; 4,33; 3,8; 3,57; 3,44; 3,36)

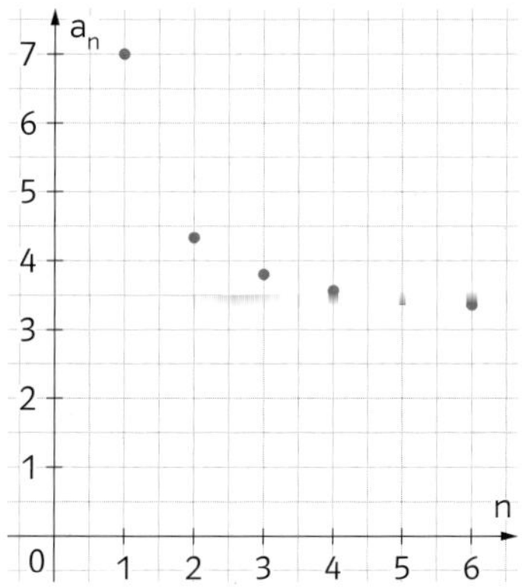

d) (–0,5; 1; –1,5; 2; –2,5; 3)

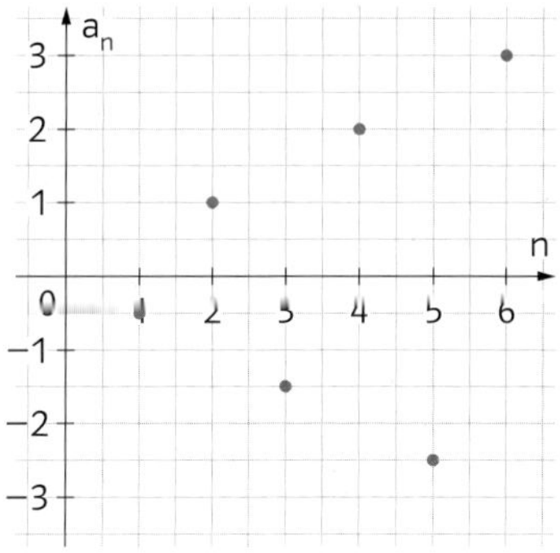

462. **a)** $a_n = 3n$; (3; 6; 9; 12; 15; 18)

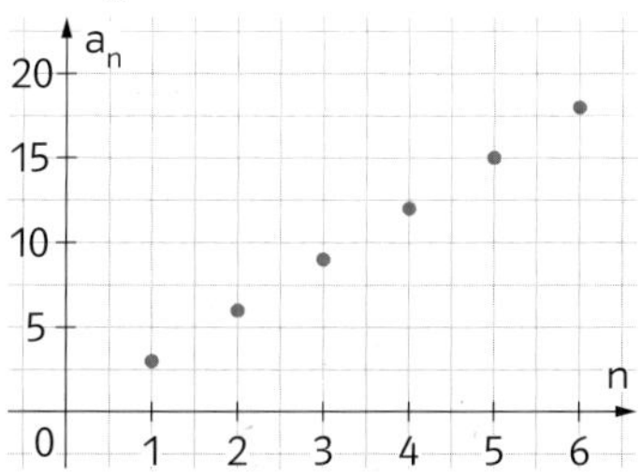

b) $a_n = \frac{1}{n}$; $\left(1; \frac{1}{2}; \frac{1}{3}; \frac{1}{4}; \frac{1}{5}; \frac{1}{6}\right)$

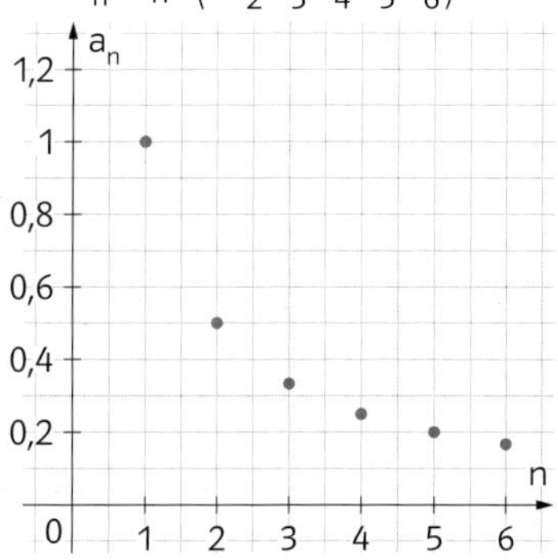

c) $a_n = -n$; $(-1; -2; -3; -4; -5; -6)$

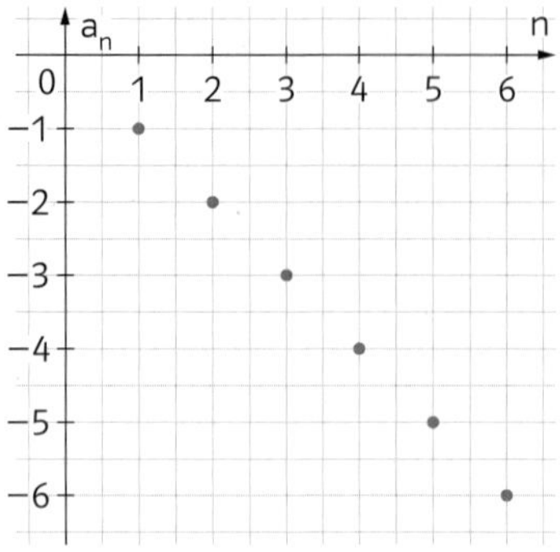

d) $a_n = 2n + 1$ $(3; 5; 7; 9; 11; 13)$

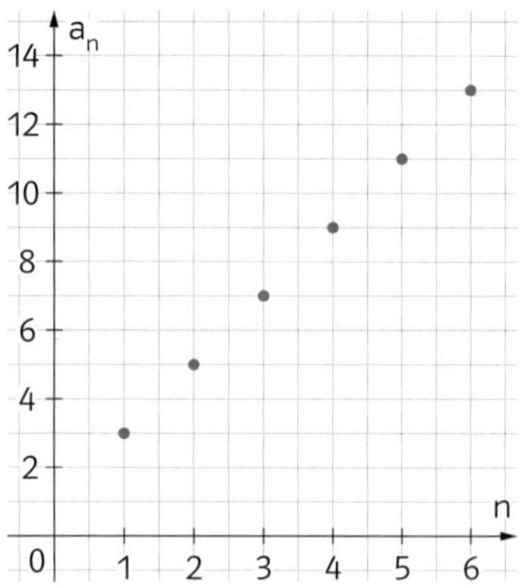

463. a) C b) B c) A d) D

464. Musteraufgabe

465.

a)	(0,33; 0,69; 0,88; 1; 1,08)	streng monoton steigend
b)	(4; 1,67; 1,2; 1; 0,89)	streng monoton fallend
c)	(5; 2; 1,22; 0,88; 0,68)	streng monoton fallend
d)	(0,17; 0,4; 0,5; 0,56; 0,59)	streng monoton steigend
e)	(0,2; 0,57; 1; 1,45; 1,92)	streng monoton steigend
f)	(2; 1; 0,8; 0,71; 0,67)	streng monoton fallend

466. Musteraufgabe

467.

a)	(1; 0; 1; 4; 9; 16; …)	ändert das Monotonieverhalten
b)	(0,11; −0,04; 0,01; −0,004; 0,001; …)	alternierend
c)	(−2; 4; −8; 16; …)	alternierend
d)	(−1; 4; −9; 16; …)	alternierend
e)	(−9; −4; −1; 0; −1; −4; −9; −16; …)	ändert das Monotonieverhalten

468. Musteraufgabe

469. a) $\frac{1}{7} \leq a_n$; $n \geq \frac{5}{19}$ b) $-1 \leq a_n$; $n \geq \frac{2}{3}$ c) $\frac{1}{2} \leq a_n$; $n \geq \frac{2}{7}$
d) $1 \leq a_n$; $n > \frac{2}{7}$ e) $0 \leq \frac{1}{2n+5}$; $0 \leq 1$ w. A.

470. a) $a_n \leq 0{,}5$; $n \geq \frac{6}{7}$ b) $a_n \leq 2$; $n \geq -\frac{2}{7}$ c) $a_n \leq 3$; $n \geq -1{,}5$
d) $a_n \leq 1{,}5$; $n \geq -2$ e) $a_n \leq 1$; $n \geq -1{,}5$

471. a) nein b) ja c) ja d) nein e) ja

472.

	größte untere Schranke	kleinste obere Schranke
a)	1	2
b)	−2	1
c)	0	0,5
d)	−2	−1
e)	−3	−1
f)	nicht beschränkt	nicht beschränkt

a)

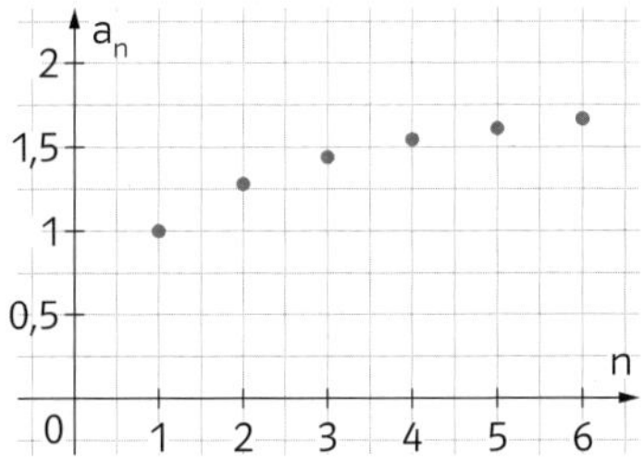

b)

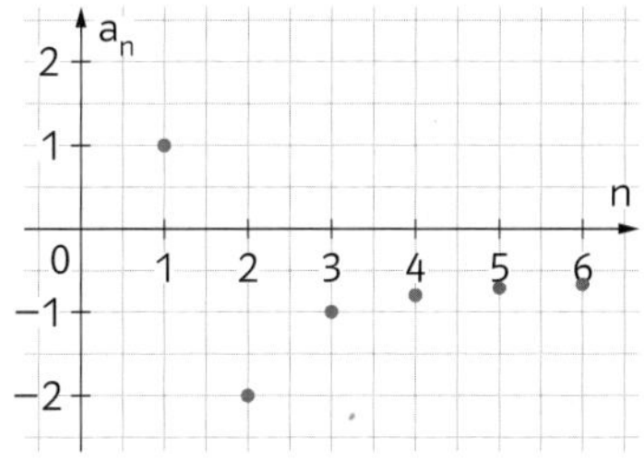

c)

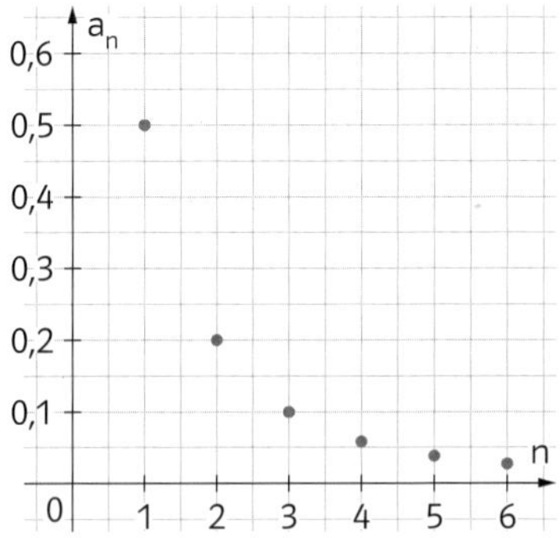

d)

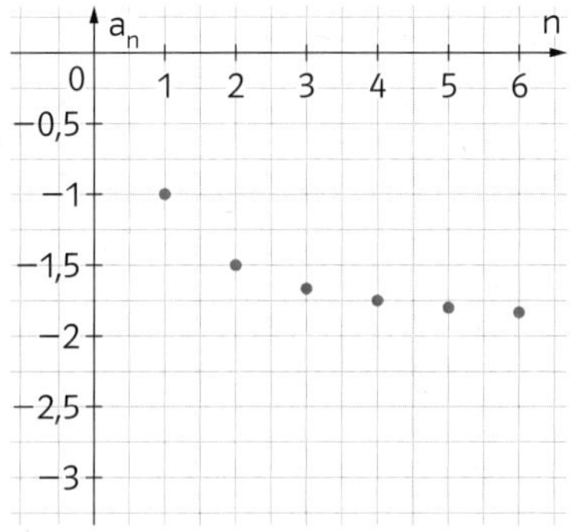

e)

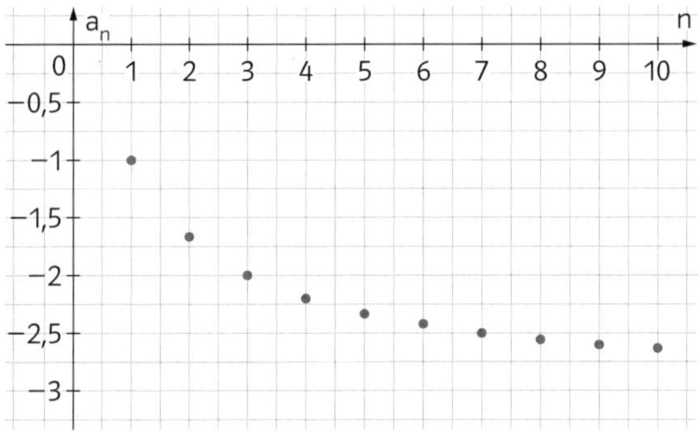

f)

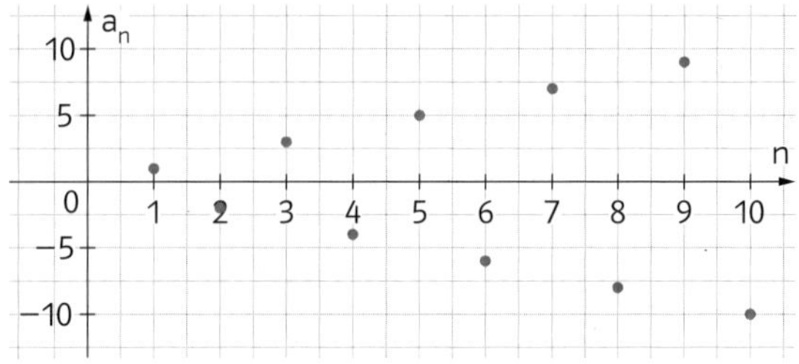

473. $\left(\frac{1}{3}\right)^n \leq \frac{1}{3}$ → $\frac{1}{3}$ ist die kleinste obere Schranke
$0 \leq \left(\frac{1}{3}\right)^n$ → 0 ist die größte untere Schranke
→ beschränkt

474. Es muss gelten: $a_1 \leq a_n$. Da a_n streng monoton steigend ist, ist a_1 eine untere Schranke.

475. Musteraufgabe

476. **a)** $n_0 = 402$ **b)** $n_0 = 4997$ **c)** $n_0 = 19999$

477. **a)** $n_0 = 7000$ **c)** $n_0 = 751$ **e)** $n_0 = 1001$
b) $n_0 = 1001$ **d)** $n_0 = 45$ **f)** $n_0 = 6$

478. **a)** $a = 0{,}5$; $n_0 = 1249$ **b)** $a = -4$; $n_0 = 10999$ **c)** $a = 2$; $n_0 = 32$
d) $a = 0$; $n_0 = 21$ **e)** $a = 4$; $n_0 = 11498$

479. **a)** nein **b)** ja **c)** nein **d)** nein **e)** nein
Begründung für **a)**, **c)**, **d)** und **e)**: Die Folgenglieder sind alternierend.

480. **a)** Um 1 können Umgebungen gefunden werden, in denen ab einem bestimmten Folgenglied nicht alle weiteren Folgenglieder liegen.

b) Es gibt keine Zahl, in deren Umgebung ab einem bestimmten Folgenglied alle weiteren Folgenglieder liegen.

481. A, C, E

482. B, C, E

483. a) 4 b) −4 c) 0,5 d) −0,75 e) −0,2

484. B $a = -1$; C $a = 0$; E $a = -5$

485. a) $a = 0{,}25$ b) $a = 3{,}5$ c) $a = -0{,}25$ d) $a = 0$

486. B, C, E

487. a) z.B. $a_n = \frac{3}{n}$ b) z.B. $a_n = n^2$ c) z.B. $a_n = \frac{n^2}{n^2+1}$

488. z.B. $a_n = 3n - 4$ ist eine divergente Folge
$b_n = 3n + 2$ ist eine divergente Folge
$a_n - b_n = (3n - 4) - (3n + 2) = -6$ ist eine konvergente Folge

489. Musteraufgabe

490.
a) $a_{n+1} = a_n + 2,\ a_1 = -4$ $a_n = 2n - 6$
b) $a_{n+1} = a_n - 0{,}5,\ a_1 = \frac{5}{6}$ $a_n = -\frac{1}{2}n + \frac{4}{3}$
c) $a_{n+1} = a_n - 3,\ a_1 = 0$ $a_n = -3n + 3$
d) $a_{n+1} = a_n - 5,\ a_1 = -7$ $a_n = -5n - 2$
e) $a_{n+1} = a_{n},\ a_1 = 1{,}5$ $a_n = 1{,}5$
f) $a_{n+1} = a_n + 3,\ a_1 = 3$ $a_n = 3n$

491.
a) $a_{n+1} = a_n + 2;\ a_1 = 3$ c) $a_n = -n + 3$ e) $a_{n+1} = a_n + 3;\ a_1 = 2$
b) $a_{n+1} = a_n - 4;\ a_1 = 1$ d) $a_n = 7n - 8$ f) $a_n = n + 1$

492.
a) $a_{n+1} = a_n - 4,\ a_1 = 10$ $a_n = -4n + 14$ $a_{50} = -40$ $a_{180} = -706$
b) $a_{n+1} = a_n + 3,\ a_1 = -3$ $a_n = 3n - 6$ $a_{50} = 144$ $a_{180} = 534$
c) $a_{n+1} = a_n - 0{,}1;\ a_1 = 2{,}5$ $a_n = -0{,}1n + 2{,}6$ $a_{50} = -2{,}4$ $a_{180} = -15{,}4$
d) $a_{n+1} = a_n + 4{,}1;\ a_1 = -1{,}4$ $a_n = 4{,}1n - 5{,}5$ $a_{50} = 199{,}5$ $a_{180} = 732{,}5$

493.
a) $a_n = 3n + 10$ $a_{10} = 40$ $a_{n+1} = 3n + 13$
b) $a_n = 5n - 15$ $a_{10} = 35$ $a_{n+1} = 5n - 10$
c) $a_n = -0{,}1n + 0{,}6$ $a_{10} = -0{,}4$ $a_{n+1} = -0{,}1n + 0{,}5$
d) $a_n = -\frac{1}{6}n + \frac{13}{12}$ $a_{10} = -\frac{7}{12}$ $a_{n+1} = -\frac{1}{6}n + \frac{11}{12}$

494. Es gilt: $a_{n+1} - a_n = d$.; a) $d = -3$ b) $d = 5$ c) $d = 1$ d) $d = -1{,}8$

495. B, D

496. Musteraufgabe

497. a) $d = -2$ (1; −1; −3; −5; −7; −9; −11) b) $d = 1$ (−3; −2; −1; 0; 1; 2; 3)

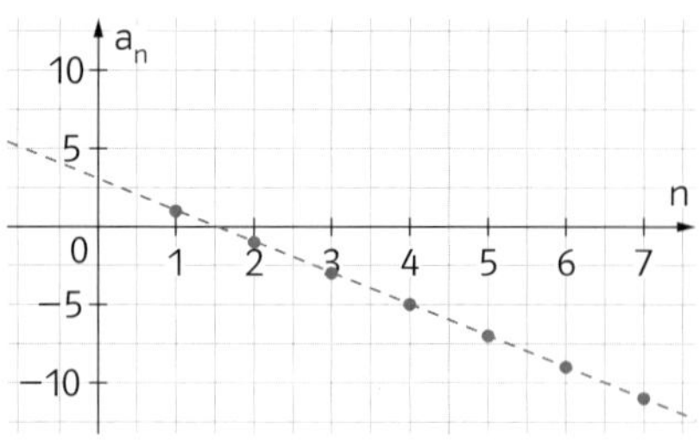

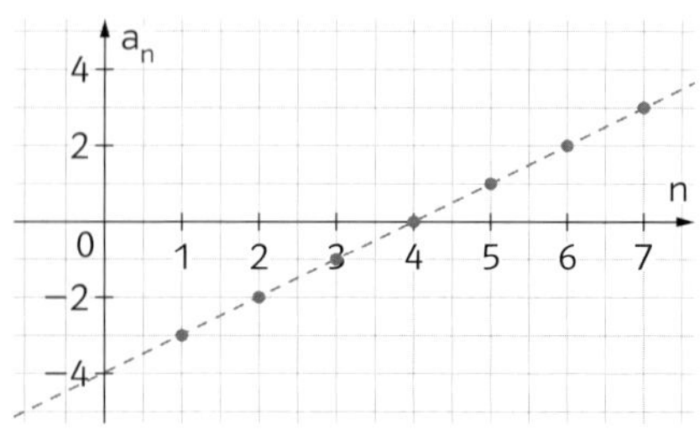

c) $d = 0{,}5$ $(0{,}5; 1; 1{,}5; 2; 2{,}5; 3; 3{,}5)$

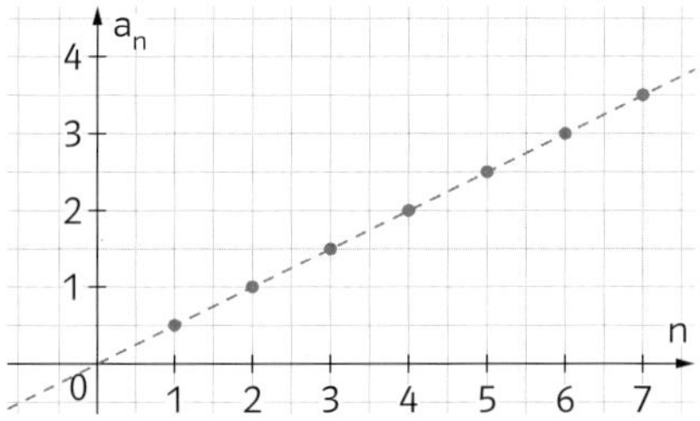

d) $d = 2$ $(5; 7; 9; 11; 13, 15; 17)$

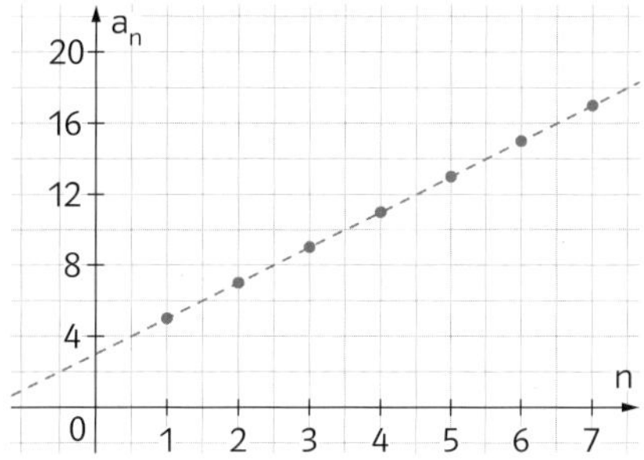

e) $d = 1{,}5$ $(-1; 0{,}5; 2; 3{,}5; 5; 6{,}5; 8)$

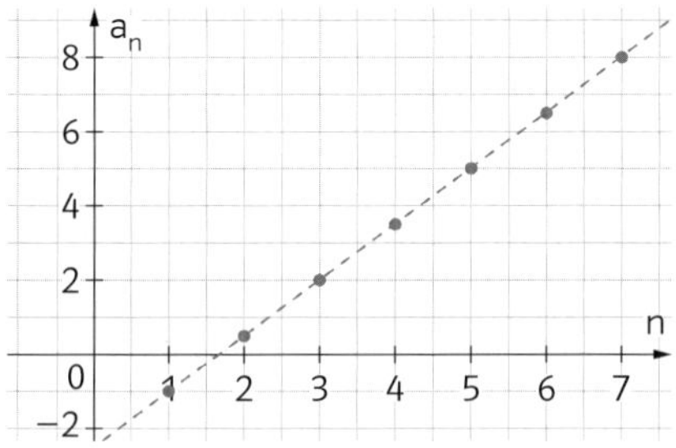

498.

		$\frac{a_1 + a_3}{2}$	$\frac{a_2 + a_4}{2}$	$\frac{a_3 + a_5}{2}$
a)	(4; 5; 6; 7; 8)	5	6	7
b)	(1; 4; 7; 10; 13)	4	7	10
c)	(3; 1; −1; −3; −5)	1	−1	−3
d)	(0,5; 0; −0,5; −1; −1,5)	0	−0,5	−1

$\frac{a_1 + a_3}{2} = a_2$ $\frac{a_2 + a_4}{2} = a_3$ $\frac{a_3 + a_5}{2} = a_4$

499. Musteraufgabe

500.

		$\frac{a_3 + a_5}{2}$	$\frac{a_1 + a_3}{2}$
a)	(−4; −10; −16; −22; −28; −34)	−22	−10
b)	(1; −3; −7; −11; −15; −19)	−11	−3
c)	(4; 4; 4; 4; 4; 4)	4	4
d)	(−7; −6; −5; −4; −3; −2)	−4	−6
e)	(−0,4; −0,8; −1,2; −1,6; −2; −2,4)	−1,6	−0,8

501. $a_{n-1} = a_n - d$ $a_{n+1} = a_n + d$ $\frac{a_{n-1} + a_{n+1}}{2} = \frac{a_n - d + a_n + d}{2} = \frac{2a_n}{2} = a_n$

502. Musteraufgabe

503. **a)** $d = 9$ $a_1 = 4$ $a_n = 9n - 5$

b) $d = \frac{1}{4}$ $a_1 = \frac{3}{4}$ $a_n = \frac{1}{4}n + \frac{1}{2}$

c) $d = -7$ $a_1 = 4$ $a_n = -7n + 11$

d) $d = 13$ $a_1 = 25$ $a_n = 13n + 12$

e) $d = \frac{4}{5}$ $a_1 = \frac{13}{10}$ $a_n = \frac{4}{5}n + \frac{1}{2}$

f) $d = -9$ $a_1 = -8$ $a_n = -9n + 1$

g) $d = \frac{1}{3}$ $\quad a_1 = -\frac{1}{2}$ $\quad a_n = \frac{1}{3}n - \frac{5}{6}$

h) $d = \frac{4}{5}$ $\quad a_1 = \frac{22}{15}$ $\quad a_n = \frac{4}{5}n + \frac{2}{3}$

504.
a) $a_1 = -\frac{11}{5}$ $\quad a_n = \frac{4}{5}n - 3$ $\quad a_{10} = 5$ $\quad a_{n+2} = \frac{4}{5}n - \frac{7}{5}$
b) $a_1 = 2{,}2$ $\quad a_n = -6{,}7n + 8{,}9$ $\quad a_{10} = -58{,}1$ $\quad a_{n+2} = -6{,}7n - 4{,}5$
c) $a_1 = -3{,}8$ $\quad a_n = -5n + 1{,}2$ $\quad a_{10} = -48{,}8$ $\quad a_{n+2} = -5n - 8{,}8$
d) $a_1 = 16$ $\quad a_n = 2n + 14$ $\quad a_{10} = 34$ $\quad a_{n+2} = 2n + 18$

505. $b = 132\,\text{cm}$ $\quad a = 176\,\text{cm}$ $\quad d = 220\,\text{cm}$

506. 2,55 cm; 3,39 cm und 4,23 cm

507. 30 cm; 52,5 cm; 75 cm; 97,5 cm; 120 cm; 142,5 cm; 165 cm; 187,5 cm; 210 cm

508. 82 Ziegel

509. Musteraufgabe

510. a) (4; 16; 64) b) (−2; −0,2; −0,02) c) (4,5; −4,5; 4,5) d) (0,7; 7; 70)

511.
a) $b_{n+1} = b_n \cdot 3,\ b_1 = -2$ $\quad b_n = 3^n \cdot \left(-\frac{2}{3}\right)$

b) $b_{n+1} = b_n \cdot \left(\frac{1}{2}\right),\ b_1 = \frac{1}{5}$ $\quad b_n = \left(\frac{1}{2}\right)^n \cdot \frac{2}{5}$

c) $b_{n+1} = b_n \cdot (-2),\ b_1 = 5$ $\quad b_n = (-2)^n \cdot \left(-\frac{5}{2}\right)$

d) $b_{n+1} = b_n \cdot (-0{,}1),\ b_1 = -9$ $\quad b_n = (-0{,}1)^n \cdot 90$

e) $b_{n+1} = b_n \cdot 1 = b_n,\ b_1 = 7{,}5$ $\quad b_n = 1^n \cdot 7{,}5 = 7{,}5$

f) $b_{n+1} = b_n \cdot 4,\ b_1 = -1$ $\quad b_n = 4^n \cdot \left(-\frac{1}{4}\right)$

512. B

513.
a) $b_{n+1} = b_n \cdot 0{,}4;\ b_1 = 8$ $\quad$ b) $b_{n+1} = b_n \cdot 1{,}1;\ b_1 = 11$
c) $b_{n+1} = b_n \cdot 1{,}05;\ b_1 = 63$ $\quad$ d) $b_{n+1} = b_n \cdot 0{,}9;\ b_1 = -1000$

514. Es gilt: $\frac{b_{n+1}}{b_n} = q$ a) $q = 7$ b) $q = 6$ c) $q = 0{,}02$ d) $q = 11$

515. a) ja; $q = 3$ b) nein; kein konstantes q c) nein; kein konstantes q

516. Musteraufgabe

517.
a) $b_n = 2{,}5^n \cdot 0{,}2$

$b_{10} = 1907{,}35$ $\quad b_{15} = 186\,264{,}51$

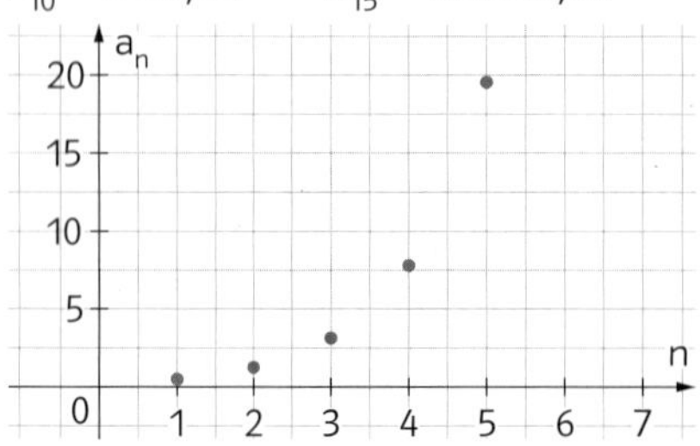

b) $b_n = (\sqrt{2})^n \cdot \left(-\frac{4}{\sqrt{2}}\right)$

$b_{10} \approx 90{,}51$ $\quad b_{15} = -512$

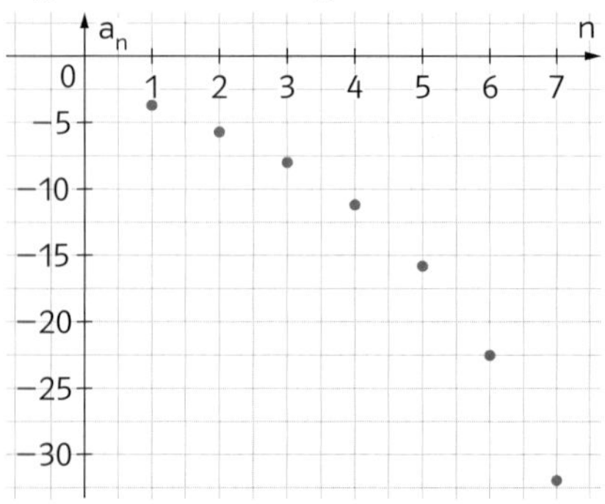

c) $b_n = \left(\frac{1}{8}\right)^n \cdot 8$

$b_{10} \approx 7 \cdot 10^{-9}$ $b_{15} \approx 2 \cdot 10^{-13}$

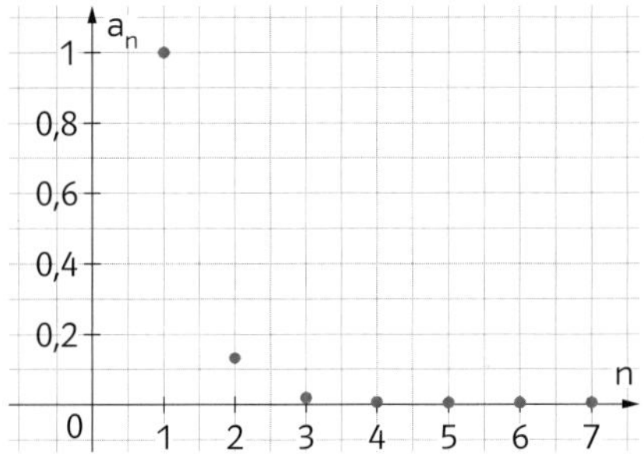

d) $b_n = (-1)^n \cdot (-2{,}3)$

$b_{10} = -2{,}3$ $b_{15} = 2{,}3$

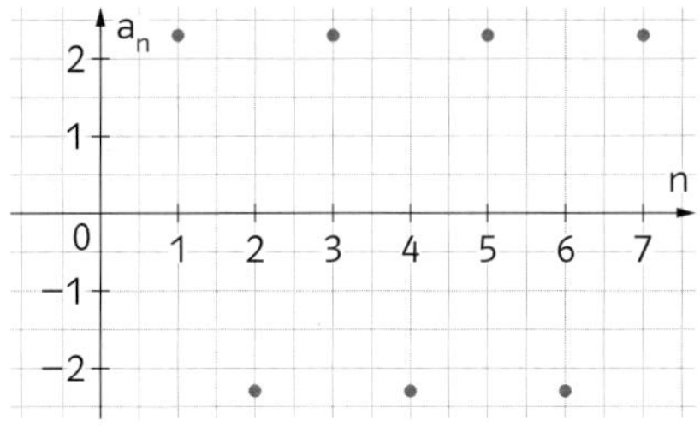

518. Für **a)–f)**: Es gibt eine Annäherung an eine bestimmte Zahl, wenn gilt: $|q| < 1$

a)

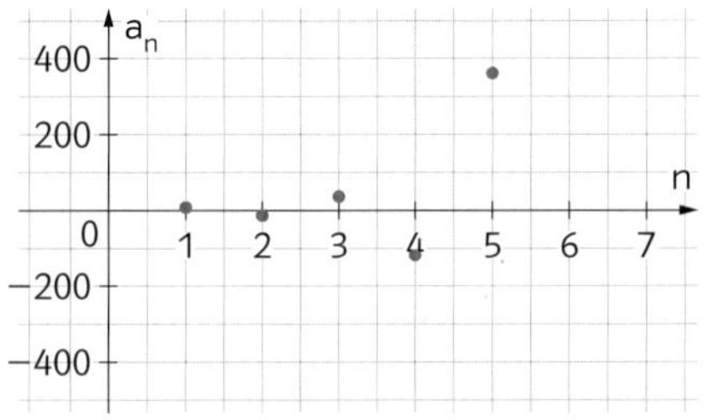

Die Folge ist alternierend. Die Folgenglieder werden immer größer bzw. kleiner.
Es gibt keinen Grenzwert.

d)

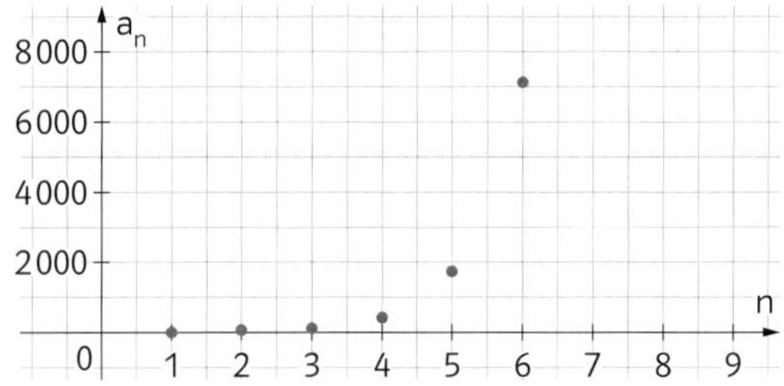

Die Folgenglieder werden immer größer.
Es gibt keinen Grenzwert.

b)

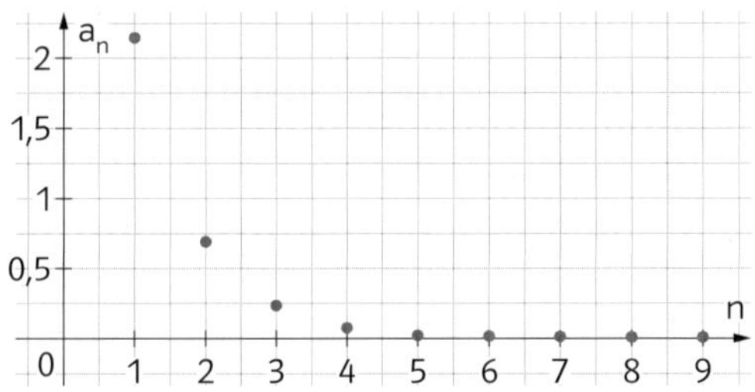

Die Folgenglieder werden immer kleiner jedoch nie negativ und nähern sich 0 an.
Der Grenzwert ist 0.

e)

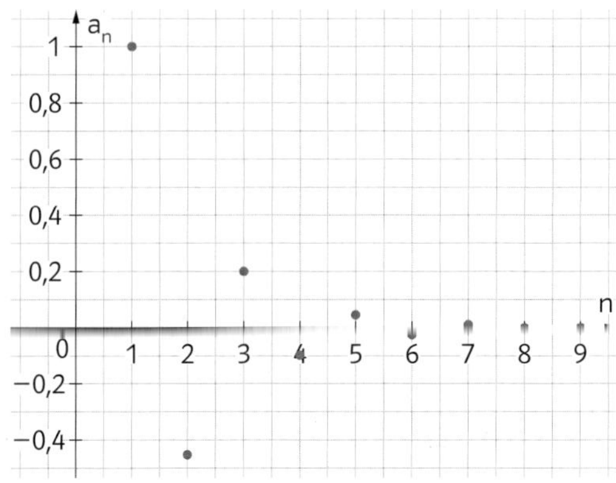

Die Folgenglieder wechseln das Vorzeichen nähern sich aber 0.
Der Grenzwert scheint 0 zu sein.

c)

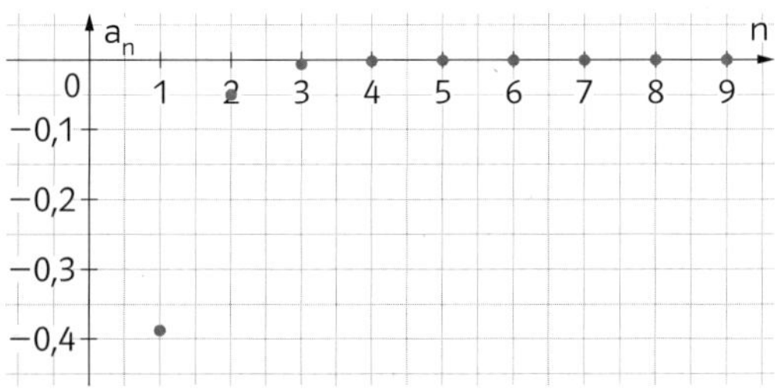

Die Folgenglieder werden immer größer jedoch nie positiv und nähern sich 0 an.
Der Grenzwert ist 0.

f)

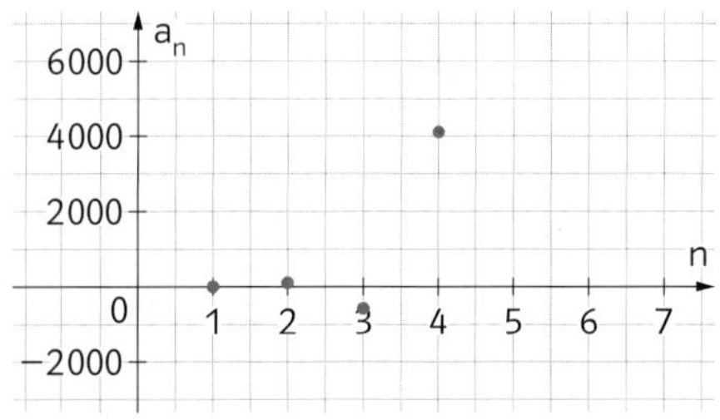

Die Folge ist alternierend.
Die Folgenglieder werden immer größer bzw. kleiner. Es gibt keinen Grenzwert.

519. a) $q=0{,}5$ $\left(\frac{1}{2}; \frac{1}{4}; \frac{1}{8}; \frac{1}{16}; \frac{1}{32}; \frac{1}{64}; \frac{1}{128}\right)$

b) $q=4$ (3; 12; 48; 192; 768; 3072; 12288)

c) $q=1$ (−2; −2; −2; −2; −2; −2; −2)

d) $q=0{,}8$ $\left(\frac{42}{25}; \frac{168}{125}; \frac{672}{625}; \frac{2688}{3125}; \frac{10752}{15625}; \frac{43008}{78125}; \frac{172032}{390625}\right)$

e) $q=-3$ (−15; 45; −135; 405; −1215; 3645; −10935)

520. Musteraufgabe

521.

		$\sqrt{b_1 \cdot b_3}$	$\sqrt{b_4 \cdot b_6}$
a)	(0,1; 1; 10; 100; 1000; 10000)	1	1000
b)	$\left(\frac{2}{3}; 4; 24; 144; 864; 5184\right)$	4	864
c)	$\left(\frac{4}{7}; 8; 112; 1568; 21952; 307328\right)$	8	21952
d)	$\left(\frac{2}{5}; 2; 10; 50; 250; 1250\right)$	2	250
e)	$\left(\frac{3}{5}; \frac{9}{5}; \frac{27}{5}; \frac{81}{5}; \frac{243}{5}; \frac{729}{5}\right)$	$\frac{9}{5}$	$\frac{243}{5}$

522. $b_{n+1}=b_n \cdot q$ $\quad b_{n-1}=\frac{b_n}{q}$ $\rightarrow$ $\sqrt{b_{n-1} \cdot b_{n+1}}=\sqrt{\frac{b_n}{q} \cdot b_n \cdot q}=\sqrt{b_n^2}=b_n$

523. Musteraufgabe

524. a) $b_{n+1}=b_n \cdot 0{,}5,\ b_1=4,\ q=0{,}5$ $\quad b_n=0{,}5^n \cdot 8$ oder
$b_{n+1}=b_n \cdot (-0{,}5),\ b_1=-4,\ q=-0{,}5$ $\quad b_n=(-0{,}5)^n \cdot 8$

b) $b_{n+1}=b_n \cdot (-2),\ b_1=4,\ q=-2$ $\quad b_n=(-2)^n \cdot (-2)=(-2)^{n+1}$

c) $b_{n+1}=b_n \cdot \frac{1}{8},\ b_1=16,\ q=\frac{1}{8}$ $\quad b_n=\left(\frac{1}{8}\right)^n \cdot 128$

d) $b_{n+1}=b_n \cdot \frac{1}{3},\ b_1=2,\ q=\frac{1}{3}$ $\quad b_n=\left(\frac{1}{3}\right)^n \cdot 6$

e) $b_{n+1}=b_n \cdot \frac{1}{10},\ b_1=9,\ q=\frac{1}{10}$ $\quad b_n=\left(\frac{1}{10}\right)^n \cdot 90$ oder
$b_{n+1}=b_n \cdot \left(-\frac{1}{10}\right),\ b_1=-9,\ q=-\frac{1}{10}$ $\quad b_n=\left(-\frac{1}{10}\right)^n \cdot 90$

f) $b_{n+1}=b_n \cdot 3,\ b_1=-2,\ q=3$ $\quad b_n=3^n \cdot \left(-\frac{2}{3}\right)$ oder
$b_{n+1}=b_n \cdot (-3),\ b_1=-2,\ q=-3$ $\quad b_n=(-3)^n \cdot \frac{2}{3}$

525. $b_1=5$ $\quad b_6=5120$ $\quad q=4$ $\quad$ (5; 20; 80; 320; 1280; 5120)

526. a) $a_n=a_{n-1}+a_{n-2}$ für $n>2$ mit $a_1=1$ $\quad a_2=1$
Es handelt sich um keine arithmetische oder geometrische Folge, da es kein konstantes d oder q gibt.

b) (1) $a_1=\frac{1}{\sqrt{5}}\left(\left(\frac{1+\sqrt{5}}{2}\right)^1-\left(\frac{1-\sqrt{5}}{2}\right)^1\right)=\frac{1}{\sqrt{5}} \cdot \frac{2\sqrt{5}}{2}=1$

$a_2=\frac{1}{\sqrt{5}}\left(\left(\frac{1+\sqrt{5}}{2}\right)^2-\left(\frac{1-\sqrt{5}}{2}\right)^2\right)=\frac{1}{\sqrt{5}}\left(\frac{1+2\sqrt{5}+5}{4}-\frac{1-2\sqrt{5}+5}{4}\right)=\frac{1}{\sqrt{5}} \cdot \frac{4\sqrt{5}}{4}=1$

(2) $a_{n+2} = a_{n+1} + a_n = \frac{1}{\sqrt{5}}\left(\left(\frac{1+\sqrt{5}}{2}\right)^{n+1} - \left(\frac{1-\sqrt{5}}{2}\right)^{n+1} + \left(\frac{1+\sqrt{5}}{2}\right)^{n} - \left(\frac{1-\sqrt{5}}{2}\right)^{n}\right) =$

$= \frac{1}{\sqrt{5}}\left(\left(\frac{1+\sqrt{5}}{2}\right)^{n}\left(\frac{1+\sqrt{5}}{2}\right) - \left(\frac{1-\sqrt{5}}{2}\right)^{n}\left(\frac{1-\sqrt{5}}{2}\right) + \left(\frac{1+\sqrt{5}}{2}\right)^{n} - \left(\frac{1-\sqrt{5}}{2}\right)^{n}\right) =$

$= \frac{1}{\sqrt{5}}\left(\left(\frac{1+\sqrt{5}}{2}\right)^{n}\left(\frac{1+\sqrt{5}}{2} + 1\right) - \left(\frac{1-\sqrt{5}}{2}\right)^{n}\left(\frac{1-\sqrt{5}}{2} + 1\right)\right) =$

$= \frac{1}{\sqrt{5}}\left(\left(\frac{1+\sqrt{5}}{2}\right)^{n}\left(\frac{1+\sqrt{5}}{2}\right)^{2} - \left(\frac{1-\sqrt{5}}{2}\right)^{n}\left(\frac{1-\sqrt{5}}{2}\right)^{2}\right) =$

$= \frac{1}{\sqrt{5}}\left(\left(\frac{1+\sqrt{5}}{2}\right)^{n+2} - \left(\frac{1-\sqrt{5}}{2}\right)^{n+2}\right)$

c) $a + b = 1$ $\quad a = x \quad b = 1 - x$

Es gilt: $\frac{x}{1-x} = \frac{1}{x} \rightarrow x^2 = 1 - x \rightarrow x^2 + x - 1 = 0 \rightarrow x_1 = \frac{-1-\sqrt{5}}{2} \quad x_2 = \frac{\sqrt{5}-1}{2}$

Da x eine (Teil-) Strecke ist, kommt als Lösung nur $\frac{\sqrt{5}-1}{2} \approx 0{,}618$ in Frage.

Es gilt: $\Phi = \frac{a}{b} = \frac{x}{1-x} = \frac{0{,}618}{0{,}382} \approx 1{,}618$ w.z.z.w.

Für die Quotientenfolge $\frac{a_{n+1}}{a_n}$ der Fibonacci-Zahlen gilt:

(1; 2; 1,5; 1,67; 1,6; 1,625; 1,615; 1,619; …)

Die Quotientenfolge nähert sich der „goldenen Zahl" Φ.

d) Die Summe von zwei (un)geraden Zahlen ist gerade, die Summe einer geraden und einer ungeraden Zahl ist ungerade. Daher ist die Fibonacci-Folge aus der (un)geraden Sicht: gerade, ungerade, ungerade, gerade, ungerade, ungerade, … Alle drei Zahlen wiederholt sich die Abfolge gerade, ungerade, ungerade.

527.–537. Selbstkontrolle (Lösungen im Schulbuch)

9 Reihen

Kapitel 9
46628q

538. Musteraufgabe

539. a) $s_1 = 1$ $s_2 = 3$ $s_3 = 6$ $s_4 = 10$ $s_5 = 15$
b) $s_1 = 1$ $s_2 = 2{,}5$ $s_3 = 4{,}5$ $s_4 = 7$ $s_5 = 10$
c) $s_1 = \frac{1}{2}$ $s_2 = \frac{11}{15}$ $s_3 = \frac{8}{5}$ $s_4 = \frac{14}{5}$ $s_5 = \frac{13}{3}$

540. $s_1 = 1$ $s_2 = 4$ $s_3 = 9$ $s_4 = 16$ $s_5 = 25$ $s_6 = 36$
Folge der Quadratzahlen

541. $1 = 1$ $3 = 1 + 2$ $6 = 1 + 2 + 3$ $10 = 1 + 2 + 3 + 4$ $15 = 1 + 2 + 3 + 4 + 5$
Die natürlichen Zahlen bilden eine arithmetische Folge mit $d = 1$. Die Dreieckszahlen entstehen durch das Bilden der Summe natürlicher Zahlen von 1 bis n. Sie sind daher die Summen von endlichen arithmetischen Folgen.

542. Musteraufgabe

543. Musteraufgabe

544. a) 5050 b) 600 c) 2379 d) 714 e) 3624 f) 726 g) −571,9 h) 155,4

545. a) $n = \frac{e-3}{2}$ $s_n = \frac{(e-3)(e+5)}{4}$ c) $\frac{f-5}{5}$ $s_n = \frac{(f-5)(f+10)}{10}$
b) $n = \frac{g+2}{3}$ $s_n = \frac{(g+1)(g+2)}{6}$ d) $\frac{h}{4}$ $s_n = \frac{-h(h+4)}{8}$

546. a) (1, 3, 5, 7, 11, 13), ungerade natürliche Zahlen
b) $s_{10} = 100$ $s_{100} = 10\,000$ $s_n = \frac{n}{2}(2 + (n-1)2) = \frac{n}{2} \cdot 2n = n^2$

547. a) 248 050 b) 1 046 380

548. a) $s_9 = 252$ b) $a_1 = 7$ c) $n = 11$ d) $d = 0{,}5$ e) $a_1 = 10$ f) $n = 91$

549. a) $a_n = 7n + 14$ $s_{15} = 1050$ $s_{80} = 23\,800$ $s_n = \frac{7n^2 + 35n}{2}$
b) $a_n = -0{,}6n + 14$ $s_{15} = 138$ $s_{80} = -824$ $s_n = -0{,}3n^2 + 13{,}7n$
c) $a_n = -6n + 8$ $s_{15} = -600$ $s_{80} = -18\,800$ $s_n = -3n^2 + 5n$
d) $a_n = 3{,}4n + 1{,}2$ $s_{15} = 426$ $s_{80} = 11\,112$ $s_n = \frac{17n^2 + 29n}{10} = 1{,}7n^2 + 2{,}9n$
e) $a_n = -4{,}4n + 11{,}1$ $s_{15} = -361{,}5$ $s_{80} = -13\,368$ $s_n = \frac{-22n^2 + 89n}{10} = -2{,}2n^2 + 8{,}9n$
f) $a_n = 3{,}6n - 4{,}8$ $s_{15} = 360$ $s_{80} = 11\,280$ $s_n = \frac{9n^2 - 15n}{5} = 1{,}8n^2 - 3n$

550. a) $d = -7$; $s_{11} = -209$ b) $d = 4$; $s_{31} = 2418$ c) $d = 9$; $s_{54} = 15\,039$

551. (1) 13,2 + 16,8 + … + 63,6 (2) 576

552. $a_1 = 2$ $a_2 = 3$ $a_3 = 4$ … $a_{12} = 13$ → 180 m

553. Das kürzeste Stück ist 13 cm lang.

554. a) 8600 Stück b) 18 600 Stück

555. a) (1) (150, 140, 130, …, 0) 1200 m maximale Höhe
(2) (220, 210, …, 0) 2530 m maximale Höhe
b) (1) 16 Sekunden (2) 23 Sekunden

556. a) 16 Rohre b) 13 Schichten

557. a) (84, 80, 76, …, 0) 924 m maximale Tiefe b) Am Abend des 18. Tages.

558. Musteraufgabe

559. a) $s_{10} \approx 62{,}30$ b) $s_{18} \approx 4{,}58 \cdot 1^{010}$ c) $s_{30} = 1{,}25$ d) $s_{50} = -1$

560. a) $s_8 = 13120$ b) $s_{21} = 40$ c) $s_{11} = 1366$ d) $s_8 = 1275$ e) $s_{10} = 7161$ f) $s_{18} = 28{,}\dot{6}$

561. Musteraufgabe

562. a) $1{,}84 \cdot 10^{19}$ Körner b) ca. 838 Millionen Lastzüge

563. Musteraufgabe

564. a) $n = 8$ b) $n = 11$ c) $n = 10$ d) $n = 5$ e) $n = 4$ f) $n = 11$

565. a) $n = 12$; $s_{12} = 6142{,}5$ c) $n = 7$; $s_7 = \frac{635}{32}$ e) $n = 8$; $s_8 = 19680$
b) $n = 5$; $s_5 = \frac{781}{256}$ d) $n = 10$; $s_{10} = 349525$ f) $n = 9$; $s_9 = \frac{511}{256}$

566. a) Höhe ≈ 59,27 cm b) Höhe ≈ 27,67 cm

567. a) (1) 8,89 km (2) 8,44 km b) (1) 72,22 km (2) 54,69 km

568. 98,66 m

569. a) (1) 36,83 cm (2) 41,68 cm (3) 42,41 cm (4) 42,41 cm b) nach 21 Halbkreisen

570. a) $s_{10} = 483{,}17\,m$ b) $s_{10} = 2333{,}15\,m^2$

571. a) Nach 25 Minuten ist der Käfer 0,0000000298 m von der Wand entfernt. Der Käfer wird die Wand nie erreichen.
b) Ja, nach ca. 9,97 Minuten wird der zweite Käfer die Wand erreichen.

572. a) 36,19 cm b) 22,87 cm^2

573. 12,56 m

574. A; C; E

575. (1) 0,4 + 0,08 + 0,016 + … (2) $q = 0{,}2$

576. a) $33{,}\dot{3}$ b) $-0{,}\dot{6}$ c) $-0{,}8$ d) $\approx 1{,}17865$

577. a) 3 b) $\frac{5}{12}$ c) 80 d) $7{,}\dot{7}$ e) 125 f) $\frac{400}{7}$

578. 42,41 cm

579. a) 512 cm b) ≈ 2341 cm^2

580. 125,66 cm

581. a) 34,14 cm b) 200 cm^2 c) 136,57 cm

582. a) 429,04 cm 2513,27 cm^2 b) 386,27 cm 1600 cm^2

583. a) 1,2 km b) 20 Sekunden

584. Musteraufgabe

585. a) $\frac{3}{10}+\frac{3}{100}+\frac{3}{1000}+\ldots$ $q=0{,}1$ $\frac{\frac{3}{10}}{1-\frac{1}{10}}=\frac{1}{3}$

b) $\frac{21}{100}+\frac{21}{10\,000}+\frac{21}{1\,000\,000}+\ldots$ $q=0{,}01$ $\frac{\frac{21}{100}}{1-\frac{1}{100}}=\frac{21}{99}=\frac{7}{33}$

c) $\frac{21}{1000}+\frac{21}{1\,000\,000}+\frac{21}{1\,000\,000\,000}+\ldots$ $q=0{,}001$ $\frac{\frac{21}{1000}}{1-\frac{1}{1000}}=\frac{21}{999}=\frac{7}{333}$

d) $\frac{1}{10}+\left(\frac{8}{100}+\frac{8}{1000}+\frac{8}{10\,000}+\ldots\right)$ $q=0{,}1$ $\frac{1}{10}+\frac{\frac{8}{100}}{1-\frac{1}{10}}=\frac{17}{90}$

e) $\frac{2}{10}+\left(\frac{45}{1000}+\frac{45}{100\,000}+\frac{45}{10\,000\,000}+\ldots\right)$ $q=0{,}01$ $\frac{2}{10}+\frac{\frac{45}{100}}{1-\frac{1}{100}}=\frac{27}{110}$

586. a) 3 661,70 € b) 7 517,84 € c) 12 189,94 € d) $y\cdot 1{,}035^5$ €

587. a) ≈ 3,5 % b) ≈ 5,1 % c) ≈ 6,6 % d) ≈ 8,2 % e) ≈ 8,5 %

588. Musteraufgabe

589. a) 560 € b) 8 000 € c) 4 750 € d) 6 800 €

590. Musteraufgabe

591. a) 2 713,97 € b) 9 368,50 € c) 76 195,66 € d) 43 077,91 €

592. a) 999,50 € b) 6 500 € c) 4 000 € d) 3 000 €

593. a) 11 Jahre b) 14 Jahre c) 7 Jahre d) 20 Jahre

594. Musteraufgabe

595. a) 40 989,32 € d) 5 741,73 €
b) 8 158,45 € e) 3 679,20 €
c) 2 546,57 € f) 6 991,82 €

596. a) $u_n=s\cdot\left(\frac{4}{3}\right)^n$

1) $u_1=\frac{4}{3}$ $u_2=\frac{16}{9}$ $u_3=\frac{64}{27}$ $u_4=\frac{256}{81}$ $u_5=\frac{1024}{243}$

2) geometrische Folge

$$q=\frac{u_{n+1}}{u_n}=\frac{\left(\frac{4}{3}\right)^{n+1}}{\left(\frac{4}{3}\right)^n}=\frac{\left(\frac{4}{3}\right)^n\frac{4}{3}}{\left(\frac{4}{3}\right)^n}=\frac{4}{3}$$

Der Quotient q zweier aufeinanderfolgender Glieder der Folge ist konstant.

3) Es gibt keinen Grenzwert, weil $q>1$

b) $5\,600=\left(\frac{4}{3}\right)^n$ → $n=30$ Schritte

c) 1) $q=\frac{4}{9}$ Der Quotient zweier aufeinanderfolgender Summanden ist konstant.

2) $A_{20}=\frac{s^2\sqrt{3}}{16}\cdot\frac{4}{9}\cdot\frac{\left(\frac{4}{9}\right)^{20}-1}{\frac{4}{9}-1}\approx\frac{s^2\sqrt{3}}{16}\cdot 0{,}8$

3) $q=\frac{4}{9}$ $0<\frac{4}{9}<1$ A_n ist daher konvergent.

$$A=\frac{s^2\sqrt{3}}{16}\cdot\frac{\frac{4}{9}}{1-\frac{4}{9}}=\frac{s^2\sqrt{3}}{16}\cdot\frac{4}{5}=\frac{s^2\sqrt{3}}{20}$$

597.–605. Selbstkontrolle (Lösungen im Schulbuch)

Reflexion: Definitionen

606. 1) „Alle Zahlen, die man durch zwei dividieren kann“, weil man kann auch 6,4 durch 2 dividieren (6,4 : 2 = 3,2). 6,4 ist aber keine gerade Zahl.)

2) „Eine natürliche Zahl, die man durch zwei dividieren kann.“, weil man kann auch 7 durch 2 dividieren (7 : 2 = 3,5). 7 ist aber keine gerade Zahl.)

607. „Eine natürliche Zahl, die man gerecht aufteilen kann.“ „gerecht“ ist kein mathematisch definierter Begriff. Er könnte also von verschiedenen Leuten auch verschieden ausgelegt werden. So könnte es zum Beispiel als „gerecht“ angesehen werden, jemandem, der schon viele Kugeln hat, weniger Kugeln zu geben. Außerdem steht in der Definition nicht, auf wie viele Personen aufgeteilt werden soll.

608. „Eine natürliche Zahl, die durch zwei ohne Rest teilbar ist.“
„Eine natürliche Zahl, die eine der Ziffern 0, 2, 4, 6, 8 als Einserstelle hat.“
„Wenn man eine entsprechende Anzahl von Kugeln nimmt, …“

609. individuelle Lösung

Vektoren im Raum

Kapitel 10
y5z7ne

610. a) $\overrightarrow{AB}=\begin{pmatrix}2\\1\end{pmatrix}, \overrightarrow{BC}=\begin{pmatrix}2\\1\end{pmatrix}, \overrightarrow{DE}=\begin{pmatrix}-2\\-1\end{pmatrix}$ c) $\overrightarrow{AF}=\begin{pmatrix}9\\-3\end{pmatrix}, \overrightarrow{GF}=\begin{pmatrix}3\\-1\end{pmatrix}, \overrightarrow{FG}=\begin{pmatrix}-3\\1\end{pmatrix}$

b) $\overrightarrow{BJ}=\begin{pmatrix}6\\-2\end{pmatrix}, \overrightarrow{JE}=\begin{pmatrix}3\\-1\end{pmatrix}, \overrightarrow{BE}=\begin{pmatrix}9\\-3\end{pmatrix}$ d) $\overrightarrow{BG}=\begin{pmatrix}4\\-3\end{pmatrix}, \overrightarrow{JC}=\begin{pmatrix}-4\\3\end{pmatrix}, \overrightarrow{HE}=\begin{pmatrix}1\\-2\end{pmatrix}$

611. a) $\overrightarrow{AC}, \overrightarrow{CA}, \overrightarrow{BC}, \overrightarrow{CB}, \overrightarrow{GJ}, \overrightarrow{JG}, \overrightarrow{GH}, \overrightarrow{HG}, \overrightarrow{JH}, \overrightarrow{HJ}, \overrightarrow{FE}, \overrightarrow{EF}, \overrightarrow{FD}, \overrightarrow{DF}, \overrightarrow{ED}, \overrightarrow{DE}$

b) $\overrightarrow{BC}, \overrightarrow{GJ}, \overrightarrow{JH}, \overrightarrow{FE}, \overrightarrow{ED}$

c) $\overrightarrow{CA}, \overrightarrow{CB}, \overrightarrow{JG}, \overrightarrow{HG}, \overrightarrow{HJ}, \overrightarrow{EF}, \overrightarrow{DF}, \overrightarrow{DE}$

612. a) A = (0|0|0), B = (6|0|0), C = (6|8|0), D = (0|8|0), E = (0|0|5), F = (6|0|5), G = (6|8|5), H = (0|8|5)

b) A = (10|0|−15), B = (10|−15|−15), C = (0|−15|−15), D = (0|0|−15), E = (10|0|0), F = (10|−15|0), G = (0|−15|0), H = (0|0|0)

613.

	A = (0|1|3)	B = (−2|1|0)	C = (2|0|0)	D = (0|0|0)	E = (0|0|7)	F = (3|0|2)	G = (−3|0|1)
x-Achse	☐	☐	☒	☒	☐	☐	☐
y-Achse	☐	☐	☐	☒	☐	☐	☐
z-Achse	☐	☐	☐	☒	☒	☐	☐
xy-Ebene	☐	☒	☒	☒	☐	☐	☐
xz-Ebene	☐	☐	☒	☒	☒	☒	☒
yz-Ebene	☒	☐	☐	☒	☒	☐	☐

614. a) $\overrightarrow{XY}=\begin{pmatrix}8\\0\\0\end{pmatrix}, \overrightarrow{XL}=\begin{pmatrix}8\\0\\6\end{pmatrix}, \overrightarrow{XM}=\begin{pmatrix}8\\3\\6\end{pmatrix}$ b) $\overrightarrow{WN}=\begin{pmatrix}0\\0\\6\end{pmatrix}, \overrightarrow{KX}=\begin{pmatrix}0\\0\\-6\end{pmatrix}, \overrightarrow{WL}=\begin{pmatrix}8\\-3\\6\end{pmatrix}$

c) $\overrightarrow{YZ}=\begin{pmatrix}0\\3\\0\end{pmatrix}, \overrightarrow{NZ}=\begin{pmatrix}8\\0\\-6\end{pmatrix}, \overrightarrow{NY}=\begin{pmatrix}8\\-6\\-3\end{pmatrix}$

615. (1) C = (2|1|0) (2) xy-Ebene

616. a) sie haben die z-Koordinate 0 b) sie haben die x- und y-Koordinate 0
c) sie haben die x-Koordinate 0

617. a) $\vec{a}_r=\begin{pmatrix}0\\-4\\0\end{pmatrix}$ b) $\vec{a}_r=\begin{pmatrix}1\\-4\\0\end{pmatrix}$ c) $\vec{a}_r=\begin{pmatrix}0\\-4\\1\end{pmatrix}$ d) $\vec{a}_r=\begin{pmatrix}1\\-4\\1\end{pmatrix}$

618. a) $\overrightarrow{AB}=\begin{pmatrix}1\\7\end{pmatrix}$ b) $\overrightarrow{OB}=\begin{pmatrix}3\\4\end{pmatrix}$ c) $\overrightarrow{BA}=\begin{pmatrix}-1\\-7\end{pmatrix}$ d) $\overrightarrow{CD}=\begin{pmatrix}-3\\-4\end{pmatrix}$ e) $\overrightarrow{CA}=\begin{pmatrix}4\\-4\end{pmatrix}$

f) $\overrightarrow{OC}=\begin{pmatrix}-2\\1\end{pmatrix}$ g) $\overrightarrow{CO}=\begin{pmatrix}2\\-1\end{pmatrix}$ h) $\overrightarrow{DA}=\begin{pmatrix}7\\0\end{pmatrix}$ i) $\overrightarrow{AD}=\begin{pmatrix}-7\\0\end{pmatrix}$ j) $\overrightarrow{DC}=\begin{pmatrix}3\\4\end{pmatrix}$

619. Musteraufgabe

620. a) $\overrightarrow{AB} = \begin{pmatrix} 1 \\ 7 \\ -3 \end{pmatrix}$ b) $\overrightarrow{OB} = \begin{pmatrix} 3 \\ 4 \\ -2 \end{pmatrix}$ c) $\overrightarrow{BA} = \begin{pmatrix} -1 \\ -7 \\ 3 \end{pmatrix}$ d) $\overrightarrow{CD} = \begin{pmatrix} 2 \\ -11 \\ -4 \end{pmatrix}$ e) $\overrightarrow{CA} = \begin{pmatrix} 4 \\ -9 \\ 0 \end{pmatrix}$

f) $\overrightarrow{OC} = \begin{pmatrix} -2 \\ 6 \\ 1 \end{pmatrix}$ g) $\overrightarrow{CO} = \begin{pmatrix} 2 \\ -6 \\ -1 \end{pmatrix}$ h) $\overrightarrow{DA} = \begin{pmatrix} 2 \\ 2 \\ 4 \end{pmatrix}$ i) $\overrightarrow{AD} = \begin{pmatrix} -2 \\ -2 \\ -4 \end{pmatrix}$ j) $\overrightarrow{DC} = \begin{pmatrix} -2 \\ 11 \\ 4 \end{pmatrix}$

621. Auf die Angabe der inversen Vektoren wird verzichtet.

a) $\overrightarrow{AS} = \begin{pmatrix} -6 \\ 8 \\ 9 \end{pmatrix}$ $\overrightarrow{BS} = \begin{pmatrix} -6 \\ 2 \\ 8 \end{pmatrix}$ $\overrightarrow{CS} = \begin{pmatrix} -7 \\ 3 \\ 3 \end{pmatrix}$ $\overrightarrow{DS} = \begin{pmatrix} -4 \\ 8 \\ 4 \end{pmatrix}$ $\overrightarrow{AB} = \begin{pmatrix} 0 \\ 6 \\ 1 \end{pmatrix}$ $\overrightarrow{BC} = \begin{pmatrix} 1 \\ -1 \\ 5 \end{pmatrix}$ $\overrightarrow{CD} = \begin{pmatrix} -3 \\ -5 \\ -1 \end{pmatrix}$ $\overrightarrow{DA} = \begin{pmatrix} 2 \\ 0 \\ -5 \end{pmatrix}$

b) $A = (-20 \mid 0 \mid 0), B = (0 \mid -20 \mid 0), C = (20 \mid -20 \mid 0), D = (10 \mid 10 \mid 0), E = (-10 \mid 20 \mid 0)$

$\overrightarrow{AF} = \begin{pmatrix} 2 \\ 14 \\ 13 \end{pmatrix}$ $\overrightarrow{BF} = \begin{pmatrix} -18 \\ 34 \\ 13 \end{pmatrix}$ $\overrightarrow{CF} = \begin{pmatrix} -38 \\ 34 \\ 13 \end{pmatrix}$ $\overrightarrow{DF} = \begin{pmatrix} -28 \\ 4 \\ 13 \end{pmatrix}$ $\overrightarrow{EF} = \begin{pmatrix} -8 \\ -6 \\ 13 \end{pmatrix}$

$\overrightarrow{AB} = \begin{pmatrix} 20 \\ -20 \\ 0 \end{pmatrix}$ $\overrightarrow{BC} = \begin{pmatrix} 20 \\ 0 \\ 0 \end{pmatrix}$ $\overrightarrow{CD} = \begin{pmatrix} -10 \\ 30 \\ 0 \end{pmatrix}$ $\overrightarrow{DE} = \begin{pmatrix} -20 \\ 10 \\ 0 \end{pmatrix}$ $\overrightarrow{EA} = \begin{pmatrix} -10 \\ -20 \\ 0 \end{pmatrix}$

622. a) $\approx 5{,}83$ b) $\approx 8{,}25$ c) 7 d) 3 e) a f) $\sqrt{a^2 + b^2}$

623. a) $\begin{pmatrix} \frac{3}{5} \\ \frac{4}{5} \end{pmatrix}$ b) $\begin{pmatrix} \frac{-24}{26} \\ \frac{-10}{26} \end{pmatrix}$ c) $\begin{pmatrix} \frac{-6}{10} \\ \frac{8}{10} \end{pmatrix}$ d) $\begin{pmatrix} \frac{7}{\sqrt{58}} \\ \frac{3}{\sqrt{58}} \end{pmatrix}$ e) $\begin{pmatrix} 1 \\ 0 \end{pmatrix}$ f) $\begin{pmatrix} \frac{a}{\sqrt{a^2+b^2}} \\ \frac{b}{\sqrt{a^2+b^2}} \end{pmatrix}$

624. Musteraufgabe

625. a) $\overline{AB} = 3$; $\overline{AC} = 2$; $\overline{AS} \approx 6{,}78$; $\overline{BC} \approx 3{,}61$; $\overline{BS} \approx 6{,}08$; $\overline{CS} \approx 7{,}35$

b) $\overline{AB} = 4$; $\overline{AD} = 3$; $\overline{AC} = 2$

626. a) 2 b) 7 c) 7 d) 17,21

627. a) $\begin{pmatrix} -0{,}37 \\ 0{,}58 \\ 0{,}74 \end{pmatrix}$ b) $\begin{pmatrix} 0{,}58 \\ 0{,}58 \\ 0{,}58 \end{pmatrix}$ c) $\begin{pmatrix} 1 \\ 0{,}09 \\ 0{,}04 \end{pmatrix}$ d) $\begin{pmatrix} -0{,}41 \\ 0{,}82 \\ 0{,}41 \end{pmatrix}$ e) $\begin{pmatrix} -0{,}71 \\ -0{,}57 \\ -0{,}42 \end{pmatrix}$

628. a) $\begin{pmatrix} 17 \\ -6 \\ 0 \end{pmatrix}$ b) $\begin{pmatrix} 4 \\ 5 \\ 5 \end{pmatrix}$ c) $\begin{pmatrix} 3 \\ -3 \\ 12 \end{pmatrix}$

629. a) $B = A + \vec{a}$ c) $C = A + \vec{a} + \vec{c}$ e) $G = A + \vec{a} + \vec{c} + \vec{b}$ g) $H = A + \vec{c} + \vec{b}$

b) $\overrightarrow{AC} = \vec{a} + \vec{c}$ d) $\overrightarrow{BG} = \vec{c} + \vec{b}$ f) $\overrightarrow{AG} = \vec{a} + \vec{c} + \vec{b}$ h) $\overrightarrow{DG} = \vec{a} + \vec{b}$

630. a) $\begin{pmatrix} -7 \\ 16 \\ 0 \end{pmatrix}$ b) $\begin{pmatrix} -12 \\ -1 \\ 15 \end{pmatrix}$ c) $\begin{pmatrix} -12 \\ 9 \\ 3 \end{pmatrix}$ d) $\begin{pmatrix} 6 \\ -14 \\ 2 \end{pmatrix}$

631. a) $\overrightarrow{AB} = B - A$ c) $F = B + \vec{b}$ e) $\overrightarrow{AC} = B - A - \vec{a}$ g) $\overrightarrow{BH} = -\vec{a} + A - B + \vec{b}$

b) $E = A + \vec{b}$ d) $C = B - \vec{a}$ f) $H = A - \vec{a} + \vec{b}$ h) $G = B - \vec{a} + \vec{b}$

632. B, C, D

633. Musteraufgabe

634. a) $\vec{a} \parallel \vec{c}, \vec{b} \parallel \vec{d}$ b) $\vec{a} \parallel \vec{c}, \vec{a} \parallel \vec{e}, \vec{b} \parallel \vec{d}, \vec{c} \parallel \vec{e}$ c) $\vec{a} \parallel \vec{b}, \vec{c} \parallel \vec{d}$ d) $\vec{a} \parallel \vec{b}, \vec{a} \parallel \vec{c}, \vec{b} \parallel \vec{c}$

635. 1A; 2E; 3C; 4B

636. a) $\vec{l} = \begin{pmatrix} 1 \\ 2 \\ 2 \end{pmatrix}$ b) $\vec{l} = \begin{pmatrix} -30 \\ 0 \\ -40 \end{pmatrix}$ c) $\vec{l} = \begin{pmatrix} 6 \\ 3 \\ 3 \end{pmatrix}$ d) $\vec{l} = \begin{pmatrix} 0 \\ 0 \\ 1{,}2 \end{pmatrix}$ e) $\vec{l} = \begin{pmatrix} -4 \\ 0 \\ 2 \end{pmatrix}$

637. A, B; D (A gilt nur für $r \neq 0$)

638. Musteraufgabe

639. a) $\approx 63{,}61°$ b) $= 90°$ c) $180°$ d) $\approx 88{,}97°$

640. a) $\approx 32{,}31°$ b) $\approx 35{,}26°$ c) $90°$ d) $0°$

641. z.B.: a) $\begin{pmatrix} -2 \\ 1 \end{pmatrix}; \begin{pmatrix} 2 \\ -1 \end{pmatrix}$ b) $\begin{pmatrix} 1 \\ 3 \end{pmatrix}; \begin{pmatrix} -1 \\ -3 \end{pmatrix}$ c) $\begin{pmatrix} 2 \\ 0 \end{pmatrix}; \begin{pmatrix} -2 \\ 0 \end{pmatrix}$ d) $\begin{pmatrix} 1 \\ -43 \end{pmatrix}; \begin{pmatrix} -1 \\ 43 \end{pmatrix}$ e) $\begin{pmatrix} 0 \\ 1 \end{pmatrix}; \begin{pmatrix} 0 \\ -1 \end{pmatrix}$

642. Musteraufgabe

643. z.B.: a) $\begin{pmatrix} 0 \\ -3 \\ 2 \end{pmatrix}, \begin{pmatrix} -3 \\ 0 \\ 1 \end{pmatrix}, \begin{pmatrix} -2 \\ 1 \\ 0 \end{pmatrix}$ b) $\begin{pmatrix} 0 \\ 1 \\ 0 \end{pmatrix}, \begin{pmatrix} 1 \\ 0 \\ 3 \end{pmatrix}, \begin{pmatrix} 1 \\ 3 \\ 3 \end{pmatrix}$ c) $\begin{pmatrix} 0 \\ 2 \\ 5 \end{pmatrix}, \begin{pmatrix} 2 \\ 0 \\ 1 \end{pmatrix}, \begin{pmatrix} -5 \\ 1 \\ 0 \end{pmatrix}$

d) $\begin{pmatrix} 0 \\ 1 \\ 6 \end{pmatrix}, \begin{pmatrix} 1 \\ 0 \\ 7 \end{pmatrix}, \begin{pmatrix} -6 \\ 7 \\ 0 \end{pmatrix}$ e) $\begin{pmatrix} 0 \\ 0 \\ 3 \end{pmatrix}, \begin{pmatrix} 1 \\ 1 \\ 0 \end{pmatrix}, \begin{pmatrix} 1 \\ 1 \\ 3 \end{pmatrix}$ f) $\begin{pmatrix} 0 \\ -z \\ y \end{pmatrix}, \begin{pmatrix} z \\ 0 \\ -x \end{pmatrix}, \begin{pmatrix} -y \\ x \\ 0 \end{pmatrix}$

644. $\begin{pmatrix} a \\ b \\ -a \end{pmatrix} \cdot \begin{pmatrix} a \\ 0 \\ a \end{pmatrix} = a^2 + 0 - a^2 = 0$

645. a) $a = -0{,}5$ b) $a = \frac{1}{3}$ c) $a = 1$

646. a) $\begin{pmatrix} 0 \\ -6 \\ -3 \end{pmatrix}$ b) $\begin{pmatrix} -42 \\ -14 \\ 14 \end{pmatrix}$ c) $\begin{pmatrix} -3 \\ 6 \\ 3 \end{pmatrix}$ d) $\begin{pmatrix} 13 \\ 3 \\ 37 \end{pmatrix}$

647. z.B.: a) $\begin{pmatrix} -2 \\ -3 \\ -5 \end{pmatrix}$ b) $\begin{pmatrix} -35 \\ -14 \\ -38 \end{pmatrix}$ c) $\begin{pmatrix} 0 \\ 0 \\ -15 \end{pmatrix}$ d) $\begin{pmatrix} 10 \\ 0 \\ 0 \end{pmatrix}$

648. a) $\vec{a} \times \vec{b} = \begin{pmatrix} 0 \\ 0 \\ 1 \end{pmatrix}; \vec{b} \times \vec{a} = \begin{pmatrix} 0 \\ 0 \\ -1 \end{pmatrix}$ b) $\vec{a} \times \vec{b} = \begin{pmatrix} 0 \\ 1 \\ 0 \end{pmatrix}; \vec{b} \times \vec{a} = \begin{pmatrix} 0 \\ -1 \\ 0 \end{pmatrix}$

c) $\vec{a} \times \vec{b} = \begin{pmatrix} 0 \\ 0 \\ 0 \end{pmatrix}; \vec{b} \times \vec{a} = \begin{pmatrix} 0 \\ 0 \\ 0 \end{pmatrix}$ d) $\vec{a} \times \vec{b} = \begin{pmatrix} 0 \\ 16 \\ 0 \end{pmatrix}; \vec{b} \times \vec{a} = \begin{pmatrix} 0 \\ -16 \\ 0 \end{pmatrix}$

649. a) $\begin{pmatrix} 0 \\ 0 \\ 1 \end{pmatrix}$ b) $\begin{pmatrix} 0 \\ 0 \\ 0 \end{pmatrix}$ c) $\begin{pmatrix} 0 \\ 0 \\ -1 \end{pmatrix}$ d) $\begin{pmatrix} 1 \\ 0 \\ 0 \end{pmatrix}$

e) $\begin{pmatrix} 0 \\ -1 \\ 0 \end{pmatrix}$ f) $\begin{pmatrix} 0 \\ -1 \\ 0 \end{pmatrix}$ g) $\begin{pmatrix} 0 \\ 0 \\ 1 \end{pmatrix}$ h) $\begin{pmatrix} 1 \\ 0 \\ 0 \end{pmatrix}$

650. a) $D = (5|4|2)$; Fläche = 32,34 b) $A = (-3|0|-3)$; $B = (2|1|1)$; Fläche = 22,09
c) $C = (-4|-5|-3)$; $D = (-7|-5|0)$; Fläche = 39,8 d) $A = (-6|2|-3)$; Fläche = 29,39

651. a) F steht normal auf v und b.
b) Je größer der Betrag von v, desto größer ist die Lorenzkraft.
c) F ändert die Orientierung.

d) Aus $\vec{v} = \begin{pmatrix} 0 \\ 0 \\ 0 \end{pmatrix}$ folgt $\vec{F} = \vec{0}$, weil das Kreuzprodukt null wird.

652. a) positive z-Achse b) positive x-Achse c) positive z-Achse
d) $\vec{F} = \vec{0}$ e) positive y-Achse

653. 1: C 2: B, E 3: A, D

654. B, C, D, E

655. a) $S_1 = (1|1|-12)$; $S_2 = (1|1|12)$; $V = 16$
b) $S_1 = (0{,}8|2{,}5|-0{,}1)$; $S_2 = (3{,}2|2{,}5|3{,}1)$; $V = 16{,}67$

656. a) Es ist möglich, wenn A im Ursprung liegt und der Würfel die Kantenlänge 5 hat.
b) B, C, D, E, F
c) Ja, wenn der Würfel die Kantenlänge 1 hat, dann hat $\overrightarrow{AB} \times \overrightarrow{AD}$ die Richtung $\overrightarrow{AE}$ und die Länge 1, weil die Grundfläche des Würfels dann auch 1 beträgt.

657. a) 2,87 b) kein Dreieck, A, B und C liegen auf einer Geraden
c) 10,39 d) 5

658. a) Fläche = 2,5 b) Höhe = 2,23

659. a) 1 b) 9 c) 1

660. a) 30 b) 30 c) 90

661. a) 5,5 b) 8,5 c) 1

662. a) 4 b) 20,83 c) 3,67

663. a) $D = (-1|5|7)$; $F = (7|10|10)$; Kantenlänge = 9,9; $V = 228{,}67$; $O = 339{,}52$
b) $D = (-2|4|6)$; $F = (2|3|-3)$; Kantenlänge = 9,9; $V = 228{,}67$; $O = 339{,}52$

664. a) $P_M = (2|1|0)$; $S_M = (2|1|-3)$
b) zu zeigen
c) ≈ 1,25 Sekunden

665. a) $Q = (-5|4|3)$ b) $P = (5|4|-3)$ c) $\begin{pmatrix} -5 \\ -4 \\ 3 \end{pmatrix}$ d) A, C, D, E

666. a) 9 m b) 4,12 m c) waagrecht nach SO d) $\overrightarrow{b_P} = \begin{pmatrix} 0 \\ -10 \\ -5 \end{pmatrix}$; $\overrightarrow{b_Q} = \begin{pmatrix} 0 \\ 10 \\ -5 \end{pmatrix}$

667.–676. Selbstkontrolle (Lösungen im Schulbuch)

11 Geraden im Raum

Kapitel 11
8sz53m

677. Musteraufgabe

678. Z.B.:

a) $g\colon X=\begin{pmatrix}3\\0\\6\end{pmatrix}+t\cdot\begin{pmatrix}1\\1\\1\end{pmatrix}$; $C\in g$

b) $g\colon X=\begin{pmatrix}-10\\9\\-8\end{pmatrix}+t\cdot\begin{pmatrix}5\\0\\4\end{pmatrix}$; $C\notin g$

c) $g\colon X=\begin{pmatrix}-4\\3\\3\end{pmatrix}+t\cdot\begin{pmatrix}1\\1\\-1\end{pmatrix}$ $C\notin g$

d) $g\colon X=\begin{pmatrix}-2\\4\\1\end{pmatrix}+t\cdot\begin{pmatrix}1\\2\\-4\end{pmatrix}$ $C\in g$

679. Z.B.:

a) $g\colon X=\begin{pmatrix}0\\0\\0\end{pmatrix}+t\cdot\begin{pmatrix}1\\0\\0\end{pmatrix}$ b) $g\colon X=\begin{pmatrix}0\\0\\0\end{pmatrix}+t\cdot\begin{pmatrix}0\\1\\0\end{pmatrix}$ c) $g\colon X=\begin{pmatrix}0\\0\\0\end{pmatrix}+t\cdot\begin{pmatrix}0\\0\\1\end{pmatrix}$ d) $g\colon X=\begin{pmatrix}0\\0\\0\end{pmatrix}+t\cdot\begin{pmatrix}1\\1\\0\end{pmatrix}$

680. a) $a=-3$; $b=5$ b) $a=-3$; $b=0$ c) $a=-3$; $b=-5$ d) $a=0$; $b=0$

681. Z.B.:

a) $p\colon X=\begin{pmatrix}-2\\2\\3\end{pmatrix}+t\cdot\begin{pmatrix}1\\3\\0\end{pmatrix}$; $n\colon X=\begin{pmatrix}-2\\2\\3\end{pmatrix}+t\cdot\begin{pmatrix}-3\\1\\0\end{pmatrix}$

b) $p\colon X=\begin{pmatrix}-1\\0\\2\end{pmatrix}+t\cdot\begin{pmatrix}1\\0\\0\end{pmatrix}$; $n\colon X=\begin{pmatrix}-1\\0\\2\end{pmatrix}+t\cdot\begin{pmatrix}0\\1\\0\end{pmatrix}$

c) $p\colon X=\begin{pmatrix}-1\\3\\-5\end{pmatrix}+t\cdot\begin{pmatrix}-1\\4\\2\end{pmatrix}$; $n\colon X=\begin{pmatrix}-1\\3\\-5\end{pmatrix}+t\cdot\begin{pmatrix}4\\1\\0\end{pmatrix}$

d) $p\colon X=\begin{pmatrix}5\\6\\-1\end{pmatrix}+t\cdot\begin{pmatrix}0\\1\\2\end{pmatrix}$; $n\colon X=\begin{pmatrix}5\\6\\-1\end{pmatrix}+t\cdot\begin{pmatrix}0\\-2\\1\end{pmatrix}$

682. Z.B.:

a) $h\colon X=\begin{pmatrix}-3\\2\\1\end{pmatrix}+t\cdot\begin{pmatrix}3\\-2\\0\end{pmatrix}$

b) $h\colon X=\begin{pmatrix}-3\\2\\1\end{pmatrix}+t\cdot\begin{pmatrix}5\\-6\\1\end{pmatrix}$; $S=(2|-4|2)$

683. B, C, D,

684. A, B, E

685. C

686. A-6; B-1; C-3; D-5

687. a) schneidend b) parallel c) identisch d) schneidend

688. a) windschief b) schneidend c) windschief d) schneidend e) parallel f) windschief

689. a) windschief b) parallel c) parallel d) schneidend

690. a) $S=(2|4|6)$ b) $S=(0|0|0)$ c) $S=(-1|6|0)$ d) $S=(0|5|18)$ e) $S=(2|0|7)$ f) $S=(1|6|13)$

691. Die beiden Geraden auf der Motivationsseite sind windschief.

692. Windschief

693. a) windschief b) schneidend, $S = (1|2|1)$ c) schneidend, $S = (-1|2|9)$

694. Man muss zeigen, dass die beiden Richtungsvektoren nicht parallel sind, und dann dass kein Schnittpunkt existiert.

695. A-4; B-1, C-3, D-2

696. a) parallel b) identisch c) parallel d) parallel

697. a) schneidend; $S = (5|6|9)$ b) schneidend, $S = (5|6|-3)$ c) identisch
d) parallel e) windschief f) identisch

698. a) $A = (-3|2|-4)$; $B = (-2|-3|5)$; $C = (1|2|3)$; Fläche = 24,83
b) $A = (1|2|3)$; $B = (-2|-3|5)$; $C = (-3|2|-4)$; Fläche = 24,83

699. 1-B; 2-C; 3-A; 4-E

700. (1) identisch (2) sie zwei Punkte gemeinsam haben

701. $x = 4$; $y = -1$

702. A-3; B-2; C-1;

703. Z.B.:
a) $g: X = \begin{pmatrix} 4 \\ 2 \\ 0 \end{pmatrix} + t \cdot \begin{pmatrix} 1 \\ 1 \\ 1 \end{pmatrix}$ c) unmöglich e) $g: X = \begin{pmatrix} 4 \\ 2 \\ 1 \end{pmatrix} + t \cdot \begin{pmatrix} 2 \\ 1 \\ 1 \end{pmatrix}$

b) $g: X = \begin{pmatrix} 4 \\ 2 \\ 1 \end{pmatrix} + t \cdot \begin{pmatrix} 1 \\ 1 \\ 0 \end{pmatrix}$ d) unmöglich f) $g: X = \begin{pmatrix} 4 \\ 2 \\ 5 \end{pmatrix} + t \cdot \begin{pmatrix} 1 \\ 1 \\ 1 \end{pmatrix}$

704. a) schneidend b) windschief

705. Musteraufgabe

706. a) $S = (2|4|0)$; $\alpha \approx 81{,}97°$ c) $S = (6|0|2)$; $\alpha = 0°$
b) $S = (14|0|5)$; $\alpha = 66{,}68°$ d) $S = (5|4|1)$; $\alpha = 90°$

707. a) parallel b) windschief c) windschief d) parallel

708. a) $(-13{,}1|8{,}5|2{,}3)$ b) $(27{,}85|16{,}6|5{,}9)$ c) ≈ 559 km/h d) $\approx 19{,}9$ km
e) Z.B.: man muss zeigen, dass die beiden Richtungsvektoren parallel sind und dass der Punkt Q auf der Geraden g liegt.

709. a) 14 m, 12 m, 6 m
b) $L_1: \begin{pmatrix} 7 \\ 6 \\ 3 \end{pmatrix}$ $L_2: \begin{pmatrix} -7 \\ -6 \\ 3 \end{pmatrix}$ $L_3: \begin{pmatrix} -7 \\ 6 \\ -3 \end{pmatrix}$
c) $(5|6|0)$; $\alpha \approx 29{,}02°$

710. a) 8,9 km/h
b) $(3|3{,}25|1{,}5)$
c) die Flugbahnen schneiden sich in $(12|13|3)$
d) nein, weil der Schnittpunkt wird vom Ballon um 8:00 erreicht. Da ist das Flugzeug, da es mit 200 km/h fliegt schon weit vom Schnittpunkt entfernt.
e) $x = 3$; $y = -1{,}5$

711.–720. Selbstkontrolle (Lösungen im Schulbuch)

721.–728. Kompetenzcheck (Lösungen im Schulbuch)

12 Ebenen im Raum

Kapitel 12
43p4yh

Da die Darstellung einer Ebene nicht eindeutig ist, werden in den folgenden Lösungen immer nur ein Beispiel für eine richtige Ebenengleichung angegeben. Jede äquivalente Gleichung ist auch eine richtige Lösung.

729. Z.B.:
- drei Punkte, die nicht auf einer Geraden liegen
- eine Gerade und ein Punkt, der nicht auf der Geraden liegt
- zwei parallele Geraden
- zwei schneidende Geraden

730. a) die Richtungsvektoren sind parallel   b) die drei Punkte liegen auf einer Geraden

731. Musteraufgabe

732. a) $e: X = \begin{pmatrix} -1 \\ 0 \\ 2 \end{pmatrix} + s \cdot \begin{pmatrix} 4 \\ 1 \\ -4 \end{pmatrix} + t \cdot \begin{pmatrix} 1 \\ 1 \\ -7 \end{pmatrix}; \quad s, t \in \mathbb{R}$ z.B. $D = (4|2|-9)$

b) $e: X = \begin{pmatrix} 1 \\ 0 \\ 0 \end{pmatrix} + s \cdot \begin{pmatrix} -1 \\ 1 \\ 0 \end{pmatrix} + t \cdot \begin{pmatrix} -1 \\ 0 \\ 1 \end{pmatrix}; \quad s, t \in \mathbb{R}$ z.B. $D = (-1|1|1)$

c) $e: X = \begin{pmatrix} 1 \\ 0 \\ 2 \end{pmatrix} + s \cdot \begin{pmatrix} -3 \\ 0 \\ 1 \end{pmatrix} + t \cdot \begin{pmatrix} 1 \\ 0 \\ -2 \end{pmatrix}; \quad s, t \in \mathbb{R}$ z.B. $D = (-1|0|1)$

d) $e: X = \begin{pmatrix} 2 \\ -1 \\ 3 \end{pmatrix} + s \cdot \begin{pmatrix} 2 \\ 0 \\ -5 \end{pmatrix} + t \cdot \begin{pmatrix} 0 \\ -1 \\ -1 \end{pmatrix}; \quad s, t \in \mathbb{R}$ z.B. $D = (0|-2|7)$

e) $e: X = \begin{pmatrix} -2 \\ 4 \\ -3 \end{pmatrix} + s \cdot \begin{pmatrix} 0 \\ -3 \\ 5 \end{pmatrix} + t \cdot \begin{pmatrix} 3 \\ -3 \\ 2 \end{pmatrix}; \quad s, t \in \mathbb{R}$ z.B. $D = (-5|10|-10)$

f) $e: X = \begin{pmatrix} 1 \\ 1 \\ 1 \end{pmatrix} + s \cdot \begin{pmatrix} -1 \\ 0 \\ 0 \end{pmatrix} + t \cdot \begin{pmatrix} -1 \\ 0 \\ -1 \end{pmatrix}; \quad s, t \in \mathbb{R}$ z.B. $D = (3|1|2)$

733. a) z.B.: $A = (-4|2|1)$, $B = (-3|0|0)$, $C = (-5|4|2)$
b) z.B.: $A = (-4|5|4)$, $B = (-1|6|7)$, $C = (-7|4|1)$

734. a) $e: X = \begin{pmatrix} -2 \\ 3 \\ -2 \end{pmatrix} + s \cdot \begin{pmatrix} 2 \\ -1 \\ 3 \end{pmatrix} + t \cdot \begin{pmatrix} 1 \\ -3 \\ 4 \end{pmatrix}; \, s, t \in \mathbb{R}$ b) $e: X = \begin{pmatrix} 0 \\ 1 \\ -1 \end{pmatrix} + s \cdot \begin{pmatrix} 1 \\ 1 \\ 2 \end{pmatrix} + t \cdot \begin{pmatrix} 3 \\ 1 \\ -3 \end{pmatrix}; \, s, t \in \mathbb{R}$

735. a) $e: X = \begin{pmatrix} 1 \\ 3 \\ 2 \end{pmatrix} + s \cdot \begin{pmatrix} 1 \\ 2 \\ -3 \end{pmatrix} + t \cdot \begin{pmatrix} -1 \\ 2 \\ 3 \end{pmatrix}; \, s, t \in \mathbb{R}$ b) $e: X = \begin{pmatrix} 1 \\ 3 \\ 0 \end{pmatrix} + s \cdot \begin{pmatrix} 2 \\ 2 \\ -3 \end{pmatrix} + t \cdot \begin{pmatrix} 1 \\ 4 \\ -2 \end{pmatrix}; \, s, t \in \mathbb{R}$

736. a) $e: X = \begin{pmatrix} -1 \\ 0 \\ 2 \end{pmatrix} + s \cdot \begin{pmatrix} 2 \\ -1 \\ 3 \end{pmatrix} + t \cdot \begin{pmatrix} 6 \\ 1 \\ -6 \end{pmatrix}; \, s, t \in \mathbb{R}$ b) $e: X = \begin{pmatrix} 1 \\ 3 \\ 2 \end{pmatrix} + s \cdot \begin{pmatrix} 1 \\ 2 \\ -3 \end{pmatrix} + t \cdot \begin{pmatrix} 1 \\ -3 \\ 0 \end{pmatrix}; \, s, t \in \mathbb{R}$

737. a) e: $X = \begin{pmatrix}0\\0\\0\end{pmatrix} + s \cdot \begin{pmatrix}1\\0\\0\end{pmatrix} + t \cdot \begin{pmatrix}0\\1\\0\end{pmatrix}$; $s, t \in \mathbb{R}$ c) e: $X = \begin{pmatrix}0\\3\\0\end{pmatrix} + s \cdot \begin{pmatrix}1\\0\\0\end{pmatrix} + t \cdot \begin{pmatrix}0\\0\\1\end{pmatrix}$; $s, t \in \mathbb{R}$

b) e: $X = \begin{pmatrix}0\\0\\3\end{pmatrix} + s \cdot \begin{pmatrix}1\\0\\0\end{pmatrix} + t \cdot \begin{pmatrix}0\\1\\0\end{pmatrix}$; $s, t \in \mathbb{R}$

738. a) xz-Ebene b) xy-Ebene c) xz-Ebene

739. Musteraufgabe

740. $P \in e$; $Q \in e$; $R \notin e$

741. Musteraufgabe

742. a) $\begin{pmatrix}1\\0\\-1\end{pmatrix} \cdot \begin{pmatrix}x\\y\\z\end{pmatrix} = \begin{pmatrix}1\\0\\-1\end{pmatrix} \cdot \begin{pmatrix}1\\2\\0\end{pmatrix}$; $x - z = 1$ c) $\begin{pmatrix}13\\7\\9\end{pmatrix} \cdot \begin{pmatrix}x\\y\\z\end{pmatrix} = \begin{pmatrix}13\\7\\9\end{pmatrix} \cdot \begin{pmatrix}0\\0\\0\end{pmatrix}$; $13x + 7y + 9z = 0$

b) $\begin{pmatrix}8\\-2\\-7\end{pmatrix} \cdot \begin{pmatrix}x\\y\\z\end{pmatrix} = \begin{pmatrix}8\\-2\\-7\end{pmatrix} \cdot \begin{pmatrix}2\\-1\\5\end{pmatrix}$; $8x - 2y - 7z = -17$ d) $\begin{pmatrix}23\\25\\-34\end{pmatrix} \cdot \begin{pmatrix}x\\y\\z\end{pmatrix} = \begin{pmatrix}23\\25\\-34\end{pmatrix} \cdot \begin{pmatrix}2\\-1\\-3\end{pmatrix}$; $23x + 25y - 34z = 123$

743. a) $-2x + y - z = -7$ b) $4x - 7y - 9z = 7$ c) $z = 0$

744. a) $x = 0$ b) $z = 0$ c) z.B.: $z = 1$

745. a) $x = -2$ b) $-4x + 2y - 3z = 12$ c) $4x - 2y - 3z = -12$

746. a) $A = (0|1|2)$, $B = (0|0|0)$, $C = (1|0|-5)$, e: $X = \begin{pmatrix}0\\1\\2\end{pmatrix} + s \cdot \begin{pmatrix}0\\1\\2\end{pmatrix} + t \cdot \begin{pmatrix}1\\0\\-5\end{pmatrix}$; $s, t \in \mathbb{R}$

b) $A = (-1|0|0)$, $B = (0|0|-2)$, $C = (1|0|-4)$, e: $X = \begin{pmatrix}-1\\0\\0\end{pmatrix} + s \cdot \begin{pmatrix}-1\\0\\2\end{pmatrix} + t \cdot \begin{pmatrix}-2\\0\\4\end{pmatrix}$; $s, t \in \mathbb{R}$

c) $A = (10|0|0)$, $B = (0|0|-10)$, $C = (0|5|-5)$, e: $X = \begin{pmatrix}10\\0\\0\end{pmatrix} + s \cdot \begin{pmatrix}1\\0\\1\end{pmatrix} + t \cdot \begin{pmatrix}10\\-5\\5\end{pmatrix}$; $s, t \in \mathbb{R}$

d) $A = (-2|1|1)$, $B = (-2|0|1)$, $C = (-2|3|1)$, e: $X = \begin{pmatrix}-2\\1\\1\end{pmatrix} + s \cdot \begin{pmatrix}0\\1\\0\end{pmatrix} + t \cdot \begin{pmatrix}0\\0\\1\end{pmatrix}$; $s, t \in \mathbb{R}$

e) $A = (1|-7|0)$, $B = (2|-7|1)$, $C = (0|-7|0)$, e: $X = \begin{pmatrix}1\\-7\\0\end{pmatrix} + s \cdot \begin{pmatrix}1\\0\\0\end{pmatrix} + t \cdot \begin{pmatrix}1\\0\\1\end{pmatrix}$; $s, t \in \mathbb{R}$

747. a) $A \in e$; $B \in e$ b) $A \in e$; $B \notin e$; $C \in e$

748. Zum Beispiel:

a) $\begin{pmatrix}-3\\-1\\2\end{pmatrix}$ $\begin{pmatrix}3\\1\\-2\end{pmatrix}$ $\begin{pmatrix}6\\2\\-4\end{pmatrix}$ b) $\begin{pmatrix}-1\\1\\-1\end{pmatrix}$ $\begin{pmatrix}1\\-1\\1\end{pmatrix}$ $\begin{pmatrix}2\\-2\\2\end{pmatrix}$ c) $\begin{pmatrix}2\\0\\-3\end{pmatrix}$ $\begin{pmatrix}-2\\0\\3\end{pmatrix}$ $\begin{pmatrix}4\\0\\-6\end{pmatrix}$

d) $\begin{pmatrix}1\\0\\0\end{pmatrix}$ $\begin{pmatrix}2\\0\\0\end{pmatrix}$ $\begin{pmatrix}3\\0\\0\end{pmatrix}$ e) $\begin{pmatrix}0\\0\\-1\end{pmatrix}$ $\begin{pmatrix}0\\0\\1\end{pmatrix}$ $\begin{pmatrix}0\\0\\2\end{pmatrix}$

749. a) $\vec{n} = \begin{pmatrix}2\\-1\\3\end{pmatrix}$, $\vec{a} = \begin{pmatrix}0\\3\\1\end{pmatrix}$, $\vec{b} = \begin{pmatrix}1\\2\\0\end{pmatrix}$, e: $X = \begin{pmatrix}3\\0\\0\end{pmatrix} + s \cdot \begin{pmatrix}0\\3\\1\end{pmatrix} + t \cdot \begin{pmatrix}1\\2\\0\end{pmatrix}$

b) $\vec{n} = \begin{pmatrix} 1 \\ -1 \\ -1 \end{pmatrix}, \vec{a} = \begin{pmatrix} 1 \\ 1 \\ 0 \end{pmatrix}, \vec{b} = \begin{pmatrix} 0 \\ 1 \\ -1 \end{pmatrix}$, e: $X = \begin{pmatrix} 1 \\ 1 \\ 0 \end{pmatrix} + s \cdot \begin{pmatrix} 1 \\ 1 \\ 0 \end{pmatrix} + t \cdot \begin{pmatrix} 0 \\ 1 \\ -1 \end{pmatrix}$

c) $\vec{n} = \begin{pmatrix} 2 \\ 0 \\ 1 \end{pmatrix}, \vec{a} = \begin{pmatrix} -1 \\ 0 \\ 2 \end{pmatrix}, \vec{b} = \begin{pmatrix} 0 \\ 1 \\ 0 \end{pmatrix}$, e: $X = \begin{pmatrix} 0 \\ 0 \\ 8 \end{pmatrix} + s \cdot \begin{pmatrix} -1 \\ 0 \\ 2 \end{pmatrix} + t \cdot \begin{pmatrix} 0 \\ 1 \\ 0 \end{pmatrix}$

d) $\vec{n} = \begin{pmatrix} 1 \\ 0 \\ 0 \end{pmatrix}, \vec{a} = \begin{pmatrix} 0 \\ 1 \\ 0 \end{pmatrix}, \vec{b} = \begin{pmatrix} 0 \\ 0 \\ 1 \end{pmatrix}$, e: $X = \begin{pmatrix} 9 \\ 23 \\ 45 \end{pmatrix} + s \cdot \begin{pmatrix} 0 \\ 1 \\ 0 \end{pmatrix} + t \cdot \begin{pmatrix} 0 \\ 0 \\ 1 \end{pmatrix}$

e) $\vec{n} = \begin{pmatrix} 0 \\ -1 \\ 0 \end{pmatrix}, \vec{a} = \begin{pmatrix} 1 \\ 0 \\ 0 \end{pmatrix}, \vec{b} = \begin{pmatrix} 0 \\ 0 \\ 1 \end{pmatrix}$, e: $X = \begin{pmatrix} 1 \\ -4 \\ 3 \end{pmatrix} + s \cdot \begin{pmatrix} 1 \\ 0 \\ 0 \end{pmatrix} + t \cdot \begin{pmatrix} 0 \\ 0 \\ 1 \end{pmatrix}$

750. a) $z = 1$ b) $y = -1$ c) $x = 0$ d) $z = \frac{46}{3}$

751. a) xy-Ebene b) enthält die z-Achse c) parallel zur yz-Ebene d) xz-Ebene e) enthält die x-Achse

752. 1: A, B, E, 2: A 3: B 4: C, D, F 5: A, D, 6: C, F

753. a) g liegt in ε b) schneidend, S = (0 | 6 | 2)

754. a) schneidend, S = (−1 | 0 | 0) c) schneidend, S = (0 | 0 | −1)
b) g liegt in ε d) parallel

755. a) g liegt in ε b) parallel

756. Musteraufgabe

757. a) 33,51° b) 35,26° c) 4,58° d) 14,8°

758. a) parallel b) identisch c) schneidend d) parallel

759. a) nicht möglich b) $k \neq -4$ c) $k \neq 1$ d) nicht möglich

760. Musteraufgabe

761. a) schneidend. g: $X = \begin{pmatrix} 5 \\ 2 \\ 1 \end{pmatrix} + s \cdot \begin{pmatrix} -2 \\ 0 \\ 1 \end{pmatrix}$ c) schneidend, g: $X = \begin{pmatrix} 0 \\ 0 \\ 0 \end{pmatrix} + s \cdot \begin{pmatrix} 0 \\ 1 \\ 1 \end{pmatrix}$

b) schneidend, g: $X = \begin{pmatrix} -1 \\ -1 \\ -1 \end{pmatrix} + s \cdot \begin{pmatrix} 1 \\ 4 \\ 3 \end{pmatrix}$ d) schneidend, g: $X = \begin{pmatrix} -1 \\ -1 \\ 0 \end{pmatrix} + s \cdot \begin{pmatrix} 0 \\ 0 \\ 1 \end{pmatrix}$

762. a) schneidend, g: $X = \begin{pmatrix} 2 \\ 1 \\ 3 \end{pmatrix} + s \cdot \begin{pmatrix} 1 \\ 3 \\ 1 \end{pmatrix}$ b) schneidend, g: $X = \begin{pmatrix} 7 \\ 1 \\ 1 \end{pmatrix} + s \cdot \begin{pmatrix} 18 \\ 7 \\ -4 \end{pmatrix}$

c) parallel d) identisch

763. a) g ist nicht die Schnittgerade b) g ist die Schnittgerade

764. z.B.:
a) f: $-x + 2y + 5z = 18$ b) f: $x + y + z = 6$ c) f: $2x + y = 4$ d) f: $6x - 7y + 4z = 4$

765. a) L = {(1; 2; 3)} b) L = {(−1; −1; −1)} c) L = {(1; −1; 2)}

766. a) L = {(5; −3; 3)} b) L = {(−1; 0; 2)} c) L = {(0; 0; 0)}

767. a) L = {(−0,72; 0,24; 0,73)} b) L = {(−7,34; 8,88; 2,78)} c) L = {(588,54; 0,0764; $4{,}35 \cdot 10^{-8}$)}

768. 1) 5) 6) 7)

769. Musteraufgabe

770. A-3; B-5; C-1; D-4; E-3

771. **1)** $a = 1; b = 4; c \neq 4; d = 3; e = 3; f \neq 6$ **2)** $a = 1; b = 4; c = 4; d = 3; e = 3; f = 6$

772. Musteraufgabe

773. **a)** $L = \{(1; 1; 1)\}$ **b)** $L = \{(1{,}17; 0{,}15; 2{,}56)\}$ **c)** $L = \{(1; 4; 5)\}$
d) $L = \{(2; -3; 0)\}$ **e)** $L = \{(3; 3; 3)\}$

774. **a)** Schnittgerade g: $X = \begin{pmatrix} 1 \\ -1 \\ 1 \end{pmatrix} + s \cdot \begin{pmatrix} 0 \\ 1 \\ 1 \end{pmatrix}$ **c)** Schnittgerade g: $X = \begin{pmatrix} 4 \\ 4{,}5 \\ -6{,}5 \end{pmatrix} + s \cdot \begin{pmatrix} 1 \\ 1 \\ -2 \end{pmatrix}$

b) gemeinsame Ebene: $2x + y - 3z = 1$ **d)** Schnittgerade g: $X = \begin{pmatrix} -4 \\ 0 \\ 2 \end{pmatrix} + s \cdot \begin{pmatrix} -7 \\ -2 \\ 1 \end{pmatrix}$

775. Nummerierung der Lagebeziehung nach Abb. auf Buchseite 195: **a)** 3 **b)** 2 **c)** 4 **d)** 8

776. Musteraufgabe

777. **a)** 59,05° **b)** 0° **c)** 60° **d)** 90°

778. **a)** 3,74 **b)** 0 **c)** 6 **d)** 1 **e)** 2,83 **f)** 0

779. **a)** $h = 1{,}32; V = 4{,}67$ **b)** $h = 2{,}96; V = 21$ **c)** $h = 6; V = 5$

780. **a)** 4 m **b)** 7 m **c)** 7 Sekunden

781. 5

782. **a)** 0,22 **b)** 1,34 **c)** 0 **d)** 2,94

783. **a)** 2,45 **b)** 1,34 **c)** 3,74 **d)** 2,12 **e)** 7 **f)** 0

784. **a)** 0,27 **b)** 3 **c)** 0

785. **a)** 5 **b)** 3 **c)** 0

786. **a)** 1,73 **b)** 5,48

787. **a)** 1) 5,39 2) 5,48 3) 3,2 **c)** 1) 7,57 2) 8,44 3) 6,61
b) 1) 4,69 2) 9,27 3) 3,18 **d)** 1) 3,46 2) 2,24 3) 1,63

788. **a)** $3{,}54; S = (-1 \mid 2 \mid -3)$ **c)** $0{,}73; S = (-4{,}82 \mid 5{,}24 \mid 0{,}18)$
b) $0; S = (-3 \mid 8 \mid 2)$ **d)** $1{,}77; S = (-3{,}29 \mid 2 \mid -1{,}82)$

789. **a)** 1,28 **b)** 2,24 **c)** 5,1 **d)** 0

790. **a)** 3,54 **b)** 1 **c)** 4,02 **d)** 3

791. 154,74 km

792. **a)** $S = (2 \mid 2 \mid 10); R = (2 \mid -4 \mid 1)$ **b)** $h = 6$ **c)** $V = 64$
d) 67,03° **e)** $P = (4 \mid 4 \mid 0)$

793. **a)** ≈ 6 602 m **d)** 2,77 Minuten = 2 Minuten 47 Sekunden
b) ≈ 396 km/h **e)** (1) parallel zueinander (2) parallel sind
c) 1,56°

794.–809. Selbstkontrolle (Lösungen im Schulbuch)

13 Beschreibende Statistik

Kapitel 13
ci7g6r

810. a) nominal b) ordinal c) metrisch d) metrisch e) nominal f) ordinal g) metrisch h) metrisch

811. a) Rangliste: 1, 1, 1, 2, 2, 2, 3, 3, 3, 4, 4, 4, 4, 5, 5, 5

Noten	absolute Häufigkeit	relative Häufigkeit	prozentuelle Häufigkeit
1	3	$\frac{3}{16} = 0{,}1875$	18,75 %
2	3	$\frac{3}{16} = 0{,}1875$	18,75 %
3	3	$\frac{3}{16} = 0{,}1875$	18,75 %
4	4	$\frac{4}{16} = 0{,}25$	25 %
5	3	$\frac{3}{16} = 0{,}1875$	18,75 %
Summe	16	1	100 %

b) Rangliste: 1, 1, 1, 1, 1, 1, 1, 2, 2, 2, 3, 3, 4, 4, 5, 5

Noten	absolute Häufigkeit	relative Häufigkeit	prozentuelle Häufigkeit
1	7	$\frac{7}{16} = 0{,}4375$	43,75 %
2	3	$\frac{3}{16} = 0{,}1875$	18,75 %
3	2	$\frac{2}{16} = 0{,}125$	12,5 %
4	2	$\frac{2}{16} = 0{,}125$	12,5 %
5	2	$\frac{2}{16} = 0{,}125$	12,5 %
Summe	16	1	100 %

c) Rangliste: 1, 1, 2, 2, 2, 2, 3, 3, 3, 3, 4, 4, 4, 4, 4, 5, 5

Noten	absolute Häufigkeit	relative Häufigkeit	prozentuelle Häufigkeit
1	2	$\frac{2}{17} \approx 0{,}1176$	≈ 11,76 %
2	4	$\frac{4}{17} \approx 0{,}2353$	≈ 23,53 %
3	4	$\frac{4}{17} \approx 0{,}2353$	≈ 23,53 %
4	5	$\frac{5}{17} \approx 0{,}2941$	≈ 29,41 %
5	2	$\frac{2}{17} \approx 0{,}1176$	≈ 11,76 %
Summe	17	≈ 1	≈ 100 %

d) Rangliste: 1, 1, 1, 1, 2, 2, 2, 2, 2, 3, 3, 3, 4, 4, 4, 4, 4, 5

Noten	absolute Häufigkeit	relative Häufigkeit	prozentuelle Häufigkeit
1	4	$\frac{4}{18} \approx 0{,}2222$	≈ 22,22 %
2	5	$\frac{5}{18} \approx 0{,}2778$	≈ 27,78 %
3	3	$\frac{3}{18} \approx 0{,}1667$	≈ 16,67 %
4	5	$\frac{5}{18} \approx 0{,}2778$	≈ 27,78 %
5	1	$\frac{1}{18} \approx 0{,}0556$	≈ 5,56 %
Summe	18	≈ 1	≈ 100 %

812. a)

Farbe	absolute Häufigkeit	relative Häufigkeit	prozentuelle Häufigkeit
weiß	84	$\frac{84}{420} = 0{,}2$	20 %
gelb	105	$\frac{105}{420} = 0{,}25$	25 %
orange	85	$\frac{85}{420} \approx 0{,}2024$	≈ 20,24 %
rot	90	$\frac{90}{420} \approx 0{,}2143$	≈ 21,43 %
grün	56	$\frac{56}{420} \approx 0{,}1333$	≈ 13,33 %
Summe	420	≈ 1	≈ 100 %

b) nominal

c) das Kreisdiagramm

d) Man kann sonst die prozentuellen Häufigkeiten nicht in absolute Häufigkeiten umrechnen.

813. a) 1, 1, 1, 1, 1, 1, 1, 2, 2, 2, 2, 2, 2, 2, 3, 3, 3, 4, 4, 4, 4, 5, 5, 5

b)

Noten	absolute Häufigkeit	relative Häufigkeit	prozentuelle Häufigkeit
1	7	$\frac{7}{24} \approx 0{,}2917$	≈ 29,17 %
2	7	$\frac{7}{24} \approx 0{,}2917$	≈ 29,17 %
3	3	$\frac{3}{24} = 0{,}125$	12,5 %
4	4	$\frac{4}{24} \approx 0{,}1667$	≈ 16,67 %
5	3	$\frac{3}{24} = 0{,}125$	12,5 %
Summe	24	≈ 1	≈ 100 %

c) ordinal   d) ja

814.

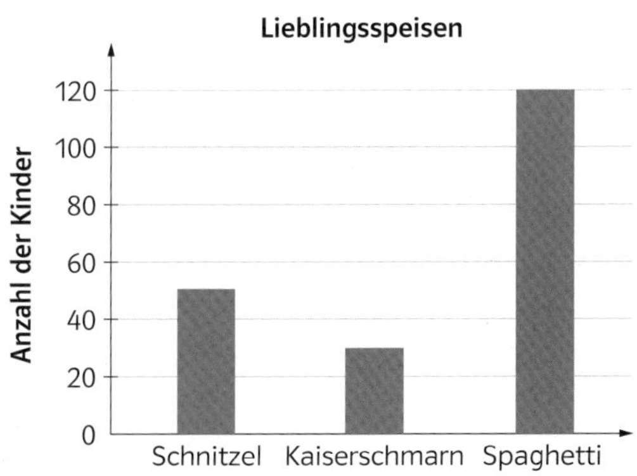

815. 14,4%

816. a)

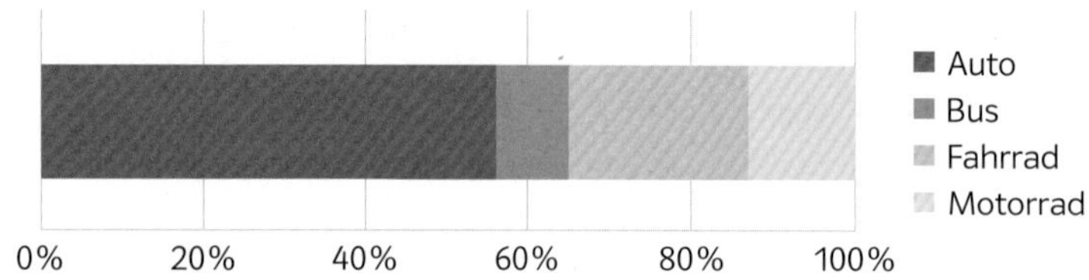

b)

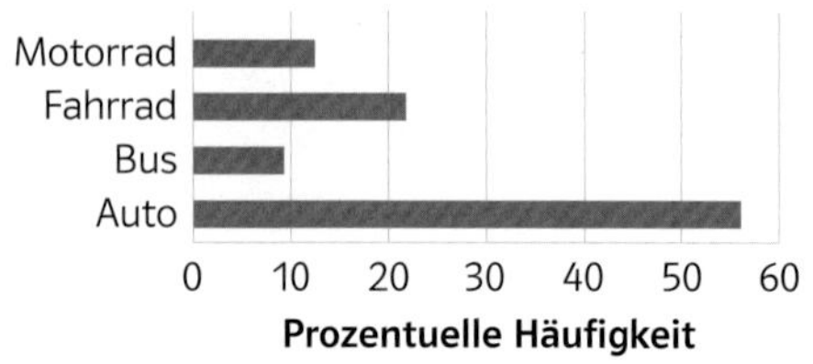

c)

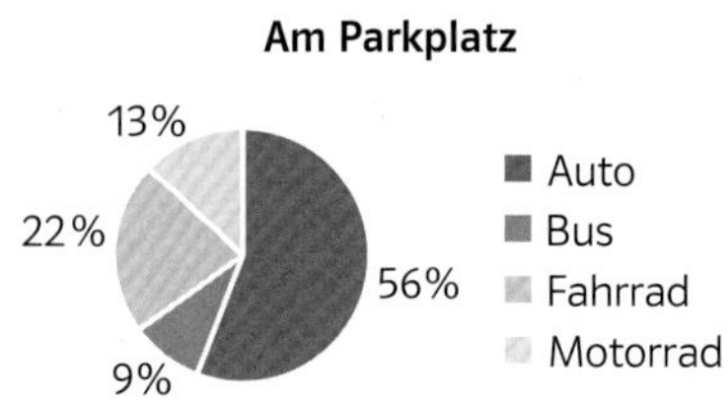

d)

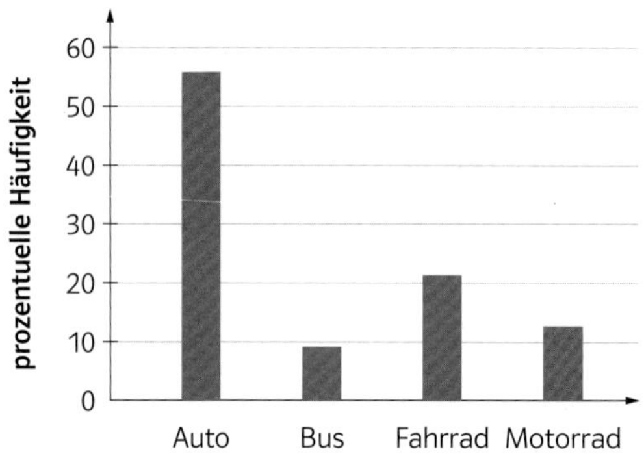

817. a)

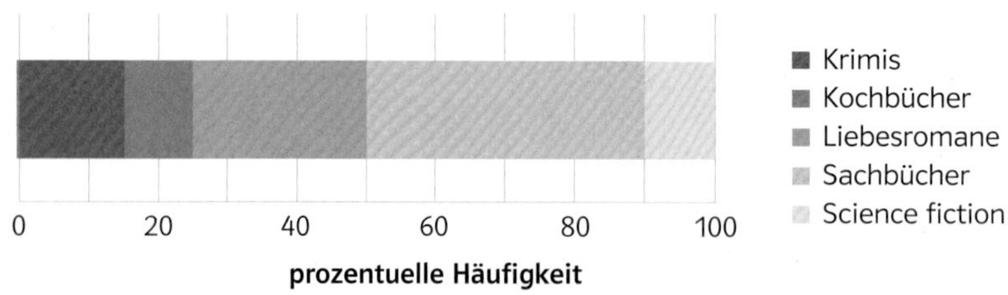

b)

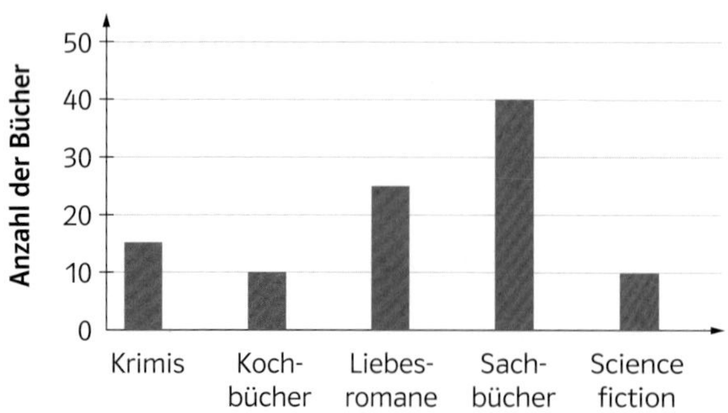

c) 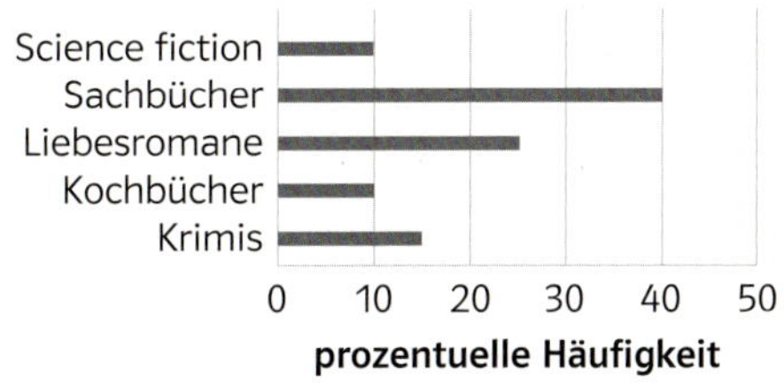

d) nominal

818. a) 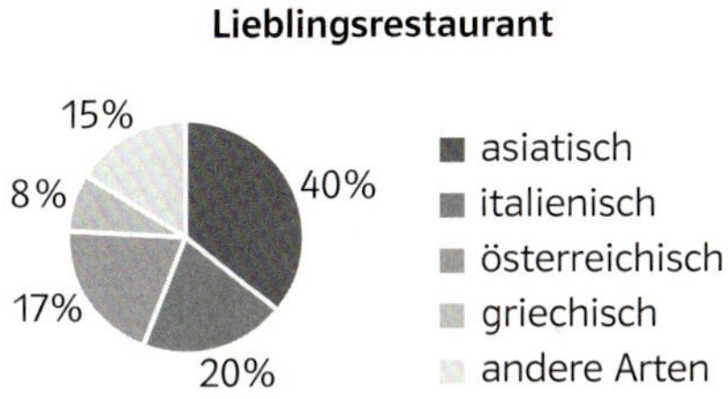

b) 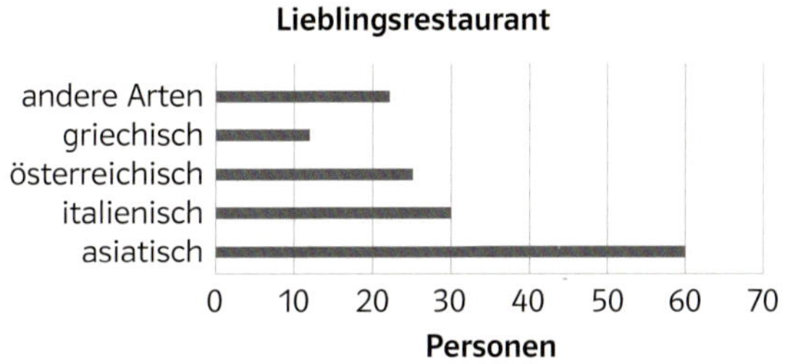

c) 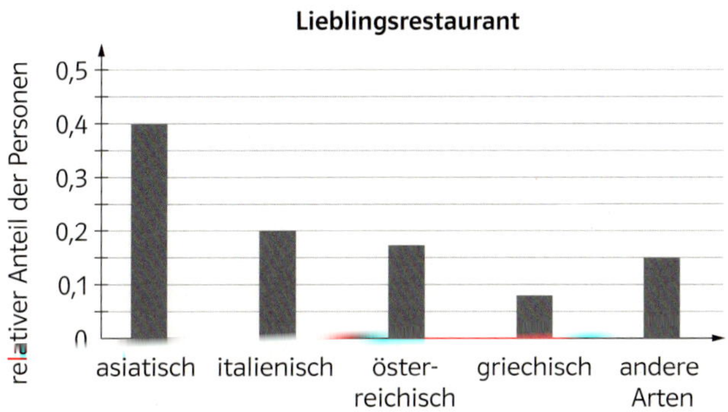

819. a) Nachteil: Die Werte sind stark gerundet. Vorteil: Die Graphik ist übersichtlich.
b) 7 Symbole entsprechen 650 bis 749 Italienern.

820. a) Montag b) zur Darstellung von zeitlichen Verläufen bzw. Veränderungen

821. 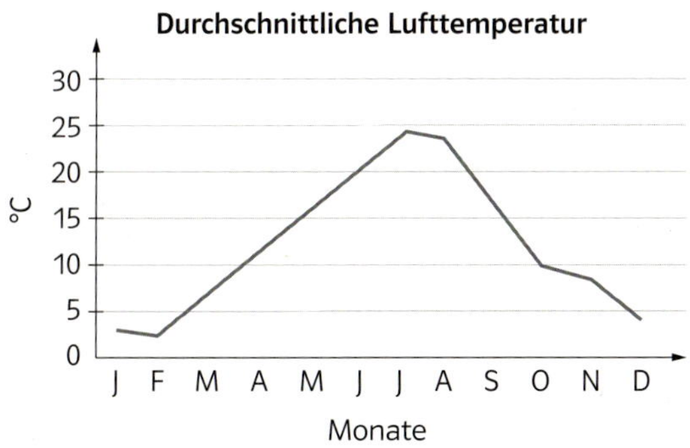

822. a)

0	0 0 0 5 5
1	0 0 5 5 5
2	0 5 5
3	0 0 0 0 5
4	0 0 5
5	5
6	0 0
7	5

b)

Klassen	absolute Häufigkeit	prozentuelle Häufigkeit
1 (0 min–14 min)	7	28 %
2 (15 min–29 min)	6	24 %
3 (30 min–44 min)	7	28 %
4 (45 min–59 min)	2	8 %
5 (60 min–75 min)	3	12 %
Summe	25	100 %

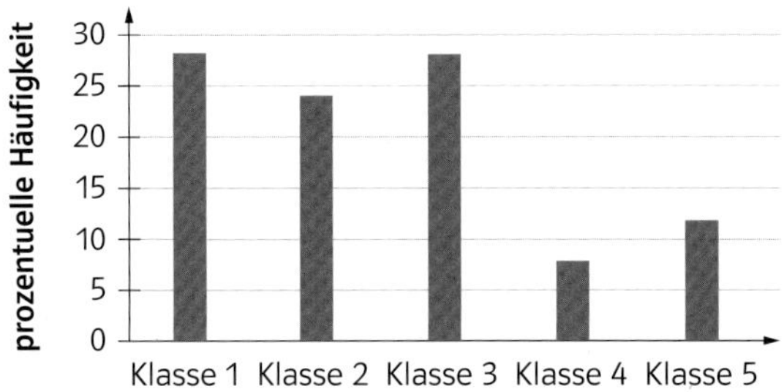

c) metrisch

823. a) 156, 159, 161, 163, 164, 167, 169, 171, 172, 172, 174, 176, 176, 177, 178, 185, 188, 188, 189, 192, 194

b)

Klassen (Werte in cm)	absolute Häufigkeit	relative Häufigkeit
1 [156; 164)	4	≈ 0,1905
2 [164; 172)	4	≈ 0,1905
3 [172; 180)	7	≈ 0,3333
4 [180; 188)	1	≈ 0,0476
5 [188; 196]	5	≈ 0,2381
Summe	21	1

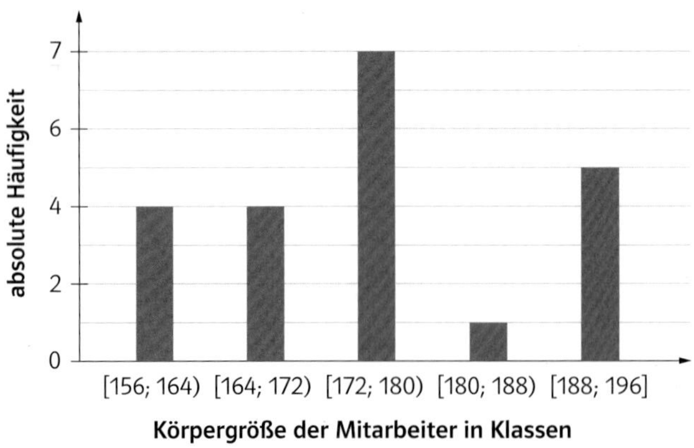

c) metrisch

824.

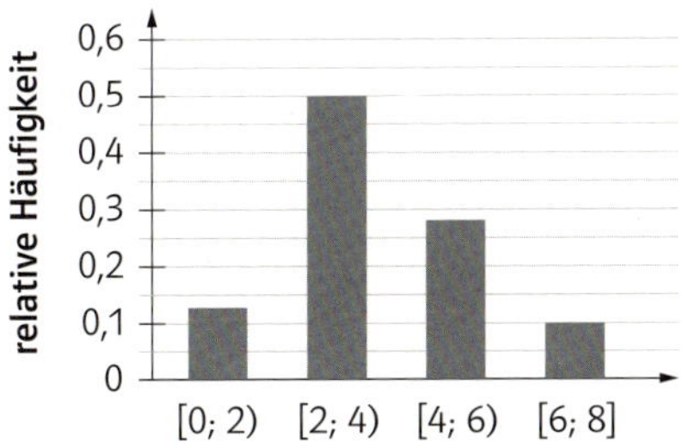

825. Balken- und Säulendiagramme
Vorteil: Daten gut ablesbar (absolute, relative und prozentuelle Häufigkeiten)
Nachteil: Wertemengen müssen alle in einem gewissen Bereich sein (große Differenzen sind nicht gut darstellbar)
Histogramme mit Klasseneinteilung
Vorteil: große Datenmengen sind leicht darstellbar
Nachteil: einzelne Werte sind nicht ablesbar (Ausreißer gehen in Klassen unter)
Kreisdiagramme
Vorteil: prozentuellen Häufigkeiten sind gut ablesbar
Nachteil: absolute Häufigkeiten sind nicht ablesbar

826. Musteraufgabe

827. **a)** 199 Personen **b)** ≈ 16,1 % **c)** 89 Burschen **d)** Nein **e)** ordinal

828. **a)**

		Biologieschularbeit	
		positiv	negativ
Nachschularbeit	positiv	10	12
	negativ	2	6

b) 60 % **c)** 22 Jugendliche **d)** ordinal

829. **a)**

		Jugendliche	
		rauchen	rauchen nicht
Jugendliche	weiblich	104	208
	männlich	52	156

b)

		Jugendliche	
		rauchen	rauchen nicht
Jugendliche	weiblich	28	56
	männlich	39	117

830. **a)**

		Körpergröße	
		≤ 170 cm	> 170 cm
Gewicht	≤ 75 kg	4	3
	> 75 kg	2	10

b) 19 Personen **c)** 63,16 %

831. **1)** Die Graphik vermittelt den Eindruck, dass die Anzahl der Schulabgänger 2015 erheblich gestiegen ist (um ca. das Dreifache im Vergleich zu 2014).
2) ≈ 29,3 % **3)** Die senkrechte Achse beginnt bei 35. Ein Minimumwert wurde festgesetzt.

832. **1)** Die Graphik vermittelt den Eindruck, dass die Einwohnerzahl seit 2011 um fast das Doppelte gestiegen ist.
2) ≈ 1,4 % **3)** Die senkrechte Achse beginnt bei 700 000. Ein Minimumwert wurde festgesetzt.

833. Die Abbildung „Umsatz der Firma" beschreibt den Sachverhalt am besten. Die anderen Abbildungen erwecken den Eindruck, dass 2014 der maximale Umsatz erreicht wurde und verschweigen, dass 2007 der Jahresumsatz 21 000 €, 2008 24 000 € und 2009 20 000 € betrug. So könnte man Personen vormachen, der Umsatz der Firma würde ständig massiv steigen.

834. a)

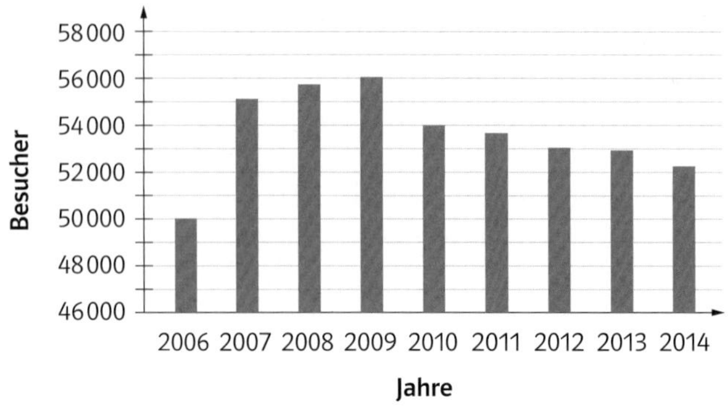

b) Es wird der Eindruck erweckt, dass die Besucherzahlen in den letzten Jahren stark zurückgegangen sind.

c) 2006: 250 Besucher/Tag; 2009: 268 Besucher/Tag; 2012: 272 Besucher/Tag;
2014: 275 Besucher/Tag; Betrachtet man die Anzahl der Besucher pro Tag, erkennt man, dass die Besucherzahlen sogar gestiegen sind.

835. Mit der Abbildung wird der Eindruck vermittelt, dass die Zahl der Einbrüche stark angestiegen ist. Laut Text sind es aber nur 3,4 % seit 2013. Die Anzahl an Einbrüchen aus dem Jahr 2009 wurde möglicherweise bewusst weggelassen, da in diesem Jahr die Anzahl der Einbrüche höher war.

836. a) Er verdoppelt sich. b) Es verachtfacht sich.

837. a) 300 % b) keine korrekte Darstellung der Verhältnisse der Flächeninhalte

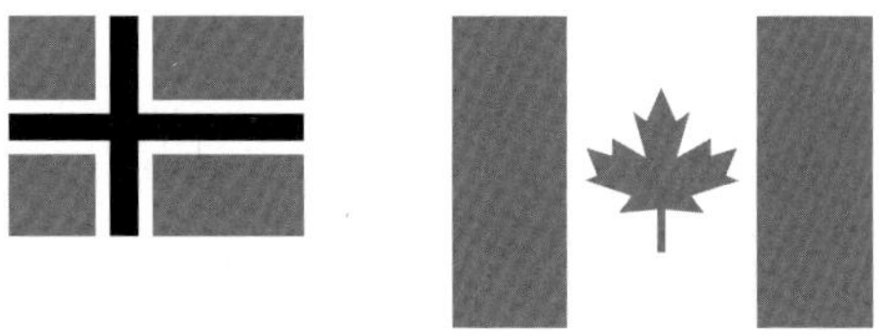

838. a)

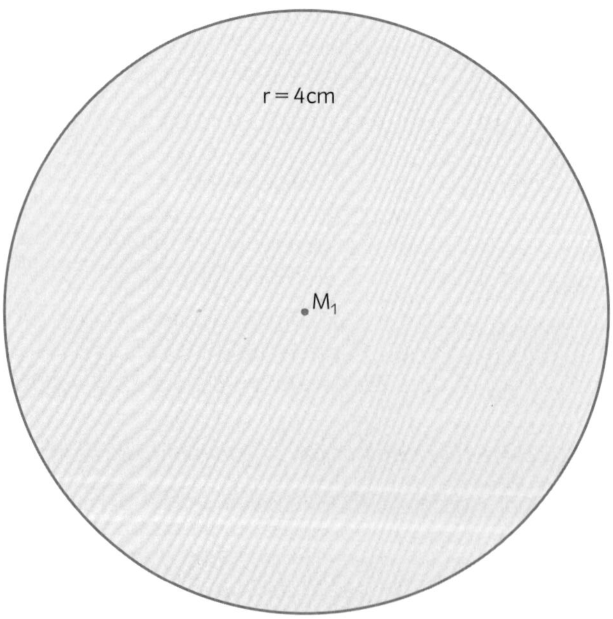

b) Der Flächeninhalt des 2. Kreises ist um ca. 56 % vergrößert.

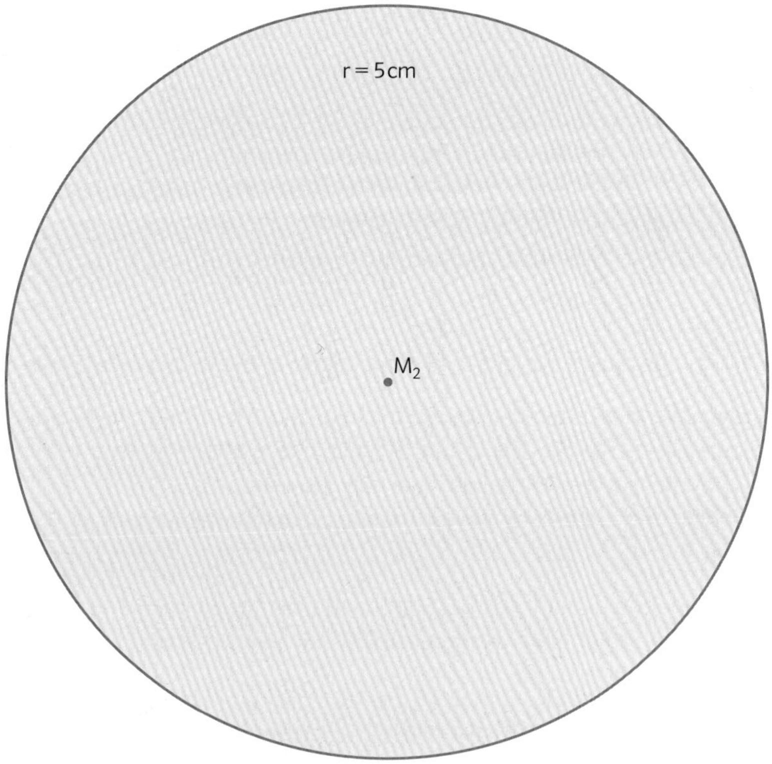

c) ca. 4,47 cm

839. D

840. a ≈ 4,38 cm; b ≈ 5,48 cm

841. ≈ 58,82 %; Die Abbildung vermittelt den Eindruck als hätte sich die Anzahl der Einbrüche verdoppelt. Eine Darstellung der Daten als Säulen- oder Balkendiagramm wäre empfehlenswerter.

842. **a)** Ja, die Achsen sind richtig beschriftet und die Zeitabschnitte sind gleich.
b) 2010: ≈ 333; 2014: 12 500
c)

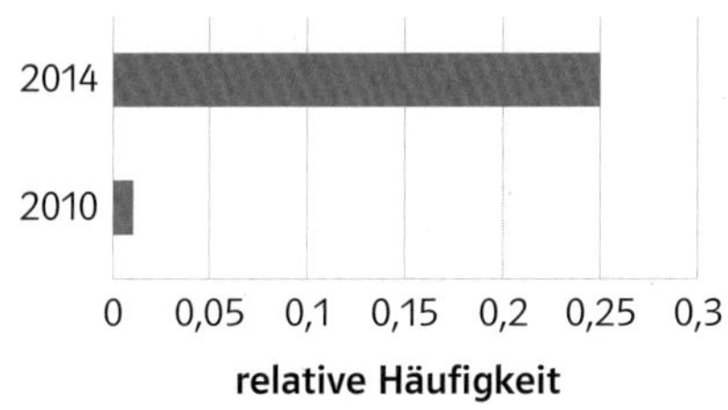

843. **1)** **a)** ≈ 6,69 **b)** ≈ 3,71 **c)** 9 **d)** ≈ 12,58 **2)** **a)–d)** Ja, es stimmt.

844. **a)** ≈ 79,59 **b)** 78,3
Der Mittelwert in **b)** repräsentiert die Datenmenge besser.

845. ≈ 12,48 min

846. **a)** 2 465,89 € **b)** 2 381,23 € **c)** Es vergrößert sich um 3 %. **d)** 2 548,69 €

847. Musteraufgabe

848. **a)** (i) 1; (ii) 15; (iii) ≈ 17,4 **c)** (i) 5; (ii) 8,5; (iii) 10
b) (i) 5; (ii) 5;59; (iii) ≈ 4,54 **d)** (i) 45; (ii) 41; (iii) 39,2

849. Median: 78; arith. Mittel: ≈ 77,86

850. a) arith. Mittel: 1830 €; Median: 1560 €
b) Das arithmetische Mittel wird größer, der Median bleibt gleich.

851. a) Der Median ist sicher ein Teil der Datenliste, da es 11 Daten sind. Ob das arithmetische Mittel Teil dieser Liste ist, kann ohne Daten nicht beurteilt werden.
b) Median: wird um 2 erhöht; arith. Mittel: wird um 2 erhöht
c) Median: bleibt gleich; arith. Mittel: wird größer
d) Median bleibt gleich; arithmetisches Mittel wird größer

852. A, C, D, E

853. Es ändert sich nicht, da das arithmetische Mittel dieser zwei Werte auch 173 cm ist.

854. a) Modus; andere Werte würden die Datenmenge nicht repräsentieren (Ausreißer)
b) Modus; andere Werte würden die Datenmenge nicht repräsentieren
c) Modus bzw. Median, da ein Mittelwert hier sinnlos wäre
d) arithmetisches Mittel, da es sich um ein metrisches Merkmal handelt

855. a) ordinal
b) Modus: Befriedigend bei beiden E-SA; Median: Befriedigend bei beiden E-SA; Ein Großteil der Schülerinnen und Schüler bekam auf beide E-SA ein „Befriedigend".

856. a) metrisch
b) arith. Mittel: ≈ 29,24; Modi: 24; 41; 47; Median: 30; Der Modus ist eher ungeeignet, da andere Werte fast genauso häufig vorkommen.

857. C, D, E

858. Musteraufgabe

859. a)

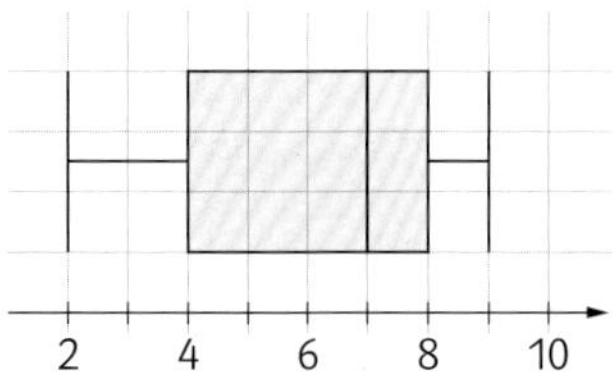

Spannweite: 7; Quartilabstand: 4

b)

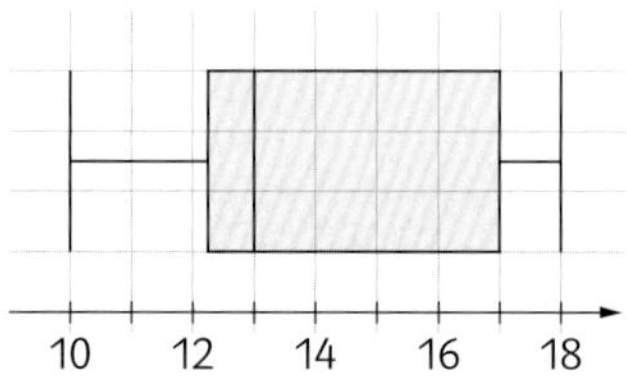

Spannweite: 8; Quartilabstand: 4,5

c)

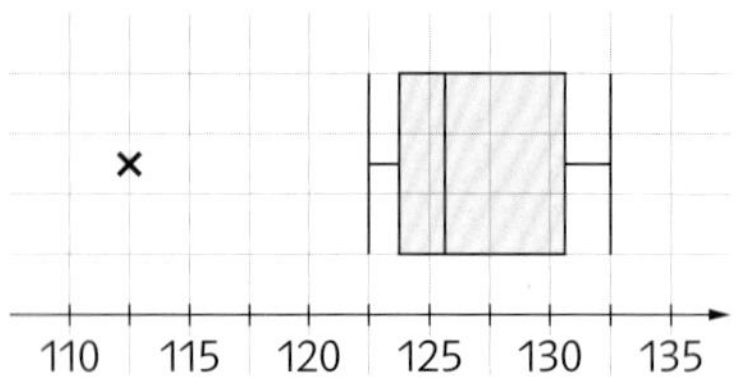

Spannweite: 20; Quartilabstand: 7

d)

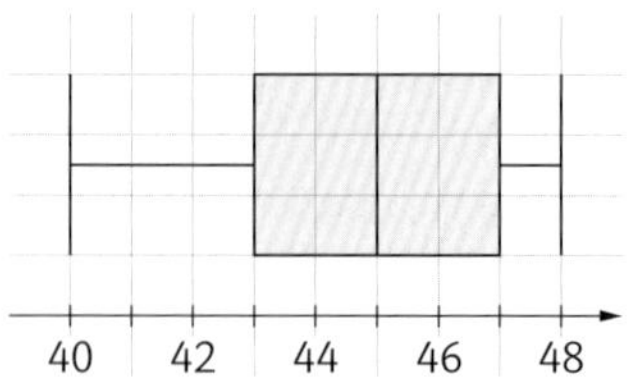

Spannweite: 8; Quartilabstand: 4

e)

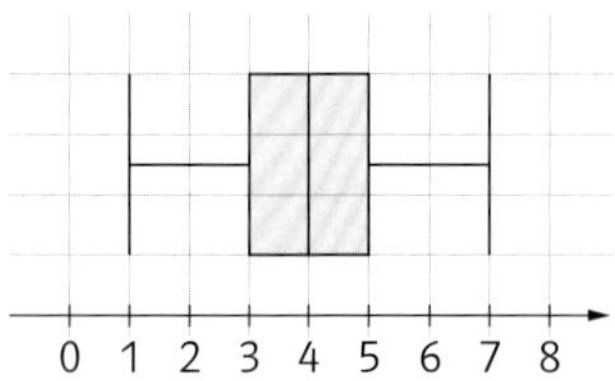

Spannweite: 6; Quartilabstand: 2

f)

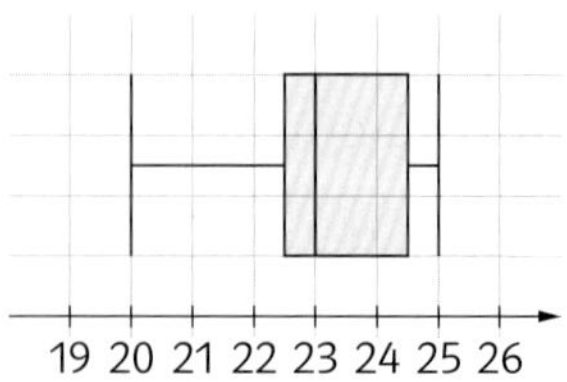

Spannweite: 5; Quartilabstand: 2

860.

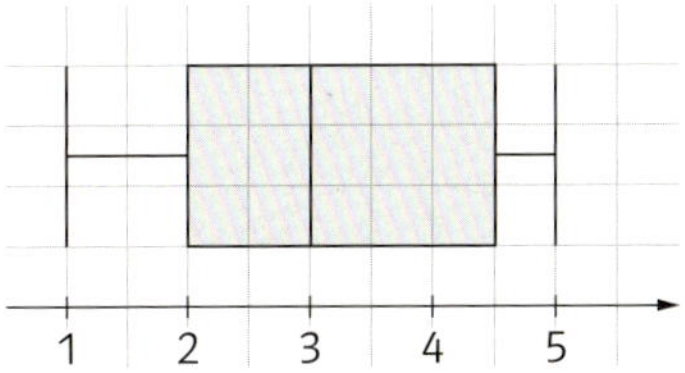

861. a) Minimum: 11; Maximum: 25; Spannweite: 14; q_1: 15; q_3: 20; Quartilabstand: 5; Median: 18,5
Interpretation: ca. 25 % der Werte sind kleiner oder gleich 15; 50 % der Werte kleiner oder gleich 18,5 und 75 % der Werte kleiner oder gleich 20; ungefähr 50 % der Werte liegen im Bereich zwischen 15 und 20

b) Minimum: 2; Maximum: 9; Spannweite: 7; q_1: 2,5; q_3: 7,5; Quartilabstand: 5; Median: 5
Interpretation: ca. 25 % der Werte sind kleiner oder gleich 2,5; 50 % der Werte kleiner oder gleich 5 und 75 % der Werte kleiner oder gleich 7,5; ungefähr 50 % der Werte liegen im Bereich zwischen 2,5 und 7,5

c) Minimum: 15; Maximum: 20; Spannweite: 5; q_1: 17; q_3; 20; Quartilabstand: 3; Median: 18
Interpretation: ca. 25 % der Werte sind kleiner oder gleich 17; 50 % der Werte kleiner oder gleich 18 und 75 % der Werte kleiner oder gleich 20; ungefähr 50 % der Werte liegen im Bereich zwischen 17 und 20

d) Minimum: 1; Maximum: 9; Spannweite: 8; q_1: 1; q_3: 6; Quartilabstand: 5; Median: 2
Interpretation: ca. 25 % der Werte sind kleiner oder gleich 1; 50 % der Werte kleiner oder gleich 2 und 75 % der Werte kleiner oder gleich 6; ungefähr 50 % der Werte liegen im Bereich zwischen 1 und 6

862. a) 75 b) 60 c) 6B

863. Diese Aussage ist korrekt, da die Rangliste durch 2 teilbar ist und so die Hälfte der Werte unter bzw. über dem Median liegt. Dasselbe gilt bei einer nochmaligen Teilung für das 1. (da liegen dann 25 % der Werte darunter und 75 % darüber) und 3. Quartil (da liegen 75 % darunter und 25 % darüber).

864. A, C, D

865. a) $\sigma \approx 2{,}26$ b) $\sigma \approx 0{,}47$ c) $\sigma \approx 3{,}01$ d) $\sigma \approx 12{,}28$ e) $\sigma = 0$ f) $\sigma = 50$

866. Modus: 165; arith. Mittel: ≈ 166,62; Standardabweichung: ≈ 10,7

867. Mittelwert: ≈ 246,15 g; Standardabweichung: ≈ 7,03 g
Frau Polt füllt durchschnittlich zu wenig Marmelade in die Gläser, auch ihre Abfüllmenge schwankt stark. Ein gewerblicher Verkauf wäre so nicht empfehlenswert.

868. a) Die Angestellten in Abteilung A verdienen durchschnittlich weniger als in Abteilung B. Dafür streuen die Einkommen in dieser Abteilung weniger stark vom arith. Mittel als in Abteilung B. Die Mitarbeiter verdienen ungefähr gleich viel, während in Abteilung B große Unterschiede beim Einkommen bestehen.

b) Die Angestellten in Abteilung A verdienen durchschnittlich um 5 000 € weniger als in Abteilung B. Außerdem streuen die Einkommen in dieser Abteilung weniger stark vom arith. Mittel als in Abteilung B. Es ist anzunehmen, dass viele Angestellte in der Abteilung B mehr als in der Abteilung A verdienen.

869. a) Sie vergrößert sich. b) Sie verkleinert sich.

870. a) arith. Mittel: 248,28 g; Median 248 g; Der Median bleibt gleich, das arith. Mittel vergrößert sich.
b) B, E c) 260 g
d) Der Median und q_1 liegen im Intervall [245, 250]. Das 3. Quartil (q_3) liegt im Intervall [250, 255].

871.–887. Selbstkontrolle und Kompetenzcheck (Lösungen im Schulbuch)

14 Wahrscheinlichkeit

Kapitel 14
c96d65

888. a) ja b) ja c) nein d) nein e) ja

889. a) E_1: Die Münze zeigt „Kopf". E_2: Die Münze zeigt „Zahl".
b) $E_1 = \{Kopf\} \subseteq \Omega$; $E_2 = \{Zahl\} \subseteq \Omega$

890. a) E_1: Eine rote Kugel wird gezogen. E_2: Eine blaue Kugel wird gezogen.
E_3: Eine grüne Kugel wird gezogen. E_4: Keine rote Kugel wird gezogen.
E_5: Keine blaue Kugel wird gezogen. E_6: Keine grüne Kugel wird gezogen.
b) E_1 = {rote Kugel} ⊆ Ω; E_2 = {blaue Kugel} ⊆ Ω
E_3 = {grüne Kugel} ⊆ Ω; E_4 = {blaue Kugel, grüne Kugel} ⊆ Ω
E_5 = {rote Kugel, grüne Kugel} ⊆ Ω; E_6 = {rote Kugel, blaue Kugel} ⊆ Ω

891. a) E_1: Ein „Pasch" wird geworfen (beide Augenzahlen sind gleich).
b) E_2: Die Summe der Augenzahlen ist 5.
c) E_3: Nur ungerade Augenzahlen werden geworfen.
d) E_4: Nur gerade Augenzahlen werden geworfen.

892. a) E_1: Eine rote und eine gelbe Kugel werden gezogen (Reihenfolge ist egal).
b) E_2: Eine gelbe Kugel wird zuerst gezogen. Die zweite Kugel ist blau.
c) E_3: Zwei gelbe (zwei gleichfarbige) Kugeln werden gezogen.

893. a) E_1 = {(rot, rot); (blau, blau); (grün, grün)}
b) E_2 = {(rot, rot); (rot, blau); (rot, grün)}
c) E_3 = {(rot, grün); (blau, grün); (grün, grün)}
d) E_4 = {(rot, blau); (blau, rot); (rot, grün); (grün, rot); (blau, grün); (grün, blau)}

894. E = {(blau, blau, blau); (blau, schwarz, blau); (blau, blau, schwarz); (schwarz, blau, blau); (blau, schwarz, schwarz); (schwarz, blau, schwarz); (schwarz, schwarz, blau); (schwarz, schwarz, schwarz)}

895. a) E_1 = {(2, 2); (2, 4); (4, 2); (4, 4)}
b) E_2 = {(1, 1); (1, 3); (1, 5); (3, 1); (3, 3); (3, 5); (5, 1); (5, 3); (5, 5)}
c) E_3 = {(1, 1); (2, 2); (3, 3); (4, 4); (5, 5); (6, 6)}
d) E_4 = {(1, 5); (2, 4); (3, 3); (4, 2); (5, 1)}

896. (1) Höchstens eine Ampel zeigt Rot.
(2) {(grün, grün, grün); (rot, grün, grün); (grün, rot, grün); (grün, grün, rot)}

897. a) E_1 = {1, 3, 5, 7, 9, 11, 13, 15, 17, 19, 21, 23, 25, 27, 29, 31, 33, 35}
b) E_2: Jemand setzt auf eine Zahl zwischen 0 und 19.
c) E_3 = {1, 3, 5, 7, 9, 12, 14, 16, 18, 19, 21, 23, 25, 27, 30, 32, 34, 36}
d) E_4: Jemand setzt auf 6 oder ein Vielfaches davon.

898. z. B.:
E_1: Jemand kreuzt nur ungerade Zahlen an.
E_2: Jemand kreuzt nur Zahlen an, die ein Vielfaches von 5 sind.
E_3: Jemand kreuzt nur Zahlen zwischen 26 und 33 an.

899. a) ¬E: Beim Roulette fällt die Kugel nicht auf die zweite Zwölf.
¬E = {0, 1, 2, 3, 4, 5, 6, 7, 8, 9, 10, 11, 12, 25, 26, 27, 28, 29, 30, 31, 32, 33, 34, 35, 36}

b) ¬E: Beim Roulette fällt die Kugel nicht auf die Zahl 15.
¬E = {0, 1, 2, 3, 4, 5, 6, 7, 8, 9, 10, 11, 12, 13, 14, 16, 17, 18, 19, 20, 21, 22, 23, 24, 25, 26, 27, 28, 29, 30, 31, 32, 33, 34, 35, 36}
c) ¬E: Beim Würfeln kommt keine gerade Zahl. ¬E = {1, 3, 5}
d) ¬E: Beim Würfeln kommt keine Augenzahl über 5. ¬E = {1, 2, 3, 4, 5}
e) ¬E: Beim Münzwurf fällt die Münze nicht auf die Seite mit der Zahl. ¬E = {Kopf}

900. 1D, 2F, 3A, 4E

901. B, E

902. ¬E: Die Summe der beiden Augenzahlen ist nicht größer als 4.
¬E = {(1, 1); (1, 2); (1, 3); (2, 1); (2, 2); (3, 1)}

903. a) Laplace-Versuch; $P(E) = \frac{1}{2}$ b) kein Laplace-Versuch c) kein Laplace-Versuch d) Laplace-Versuch; $P(E) = \frac{1}{52}$ e) Laplace-Versuch; $P(E) = \frac{1}{36}$ f) kein Laplace-Versuch

904. a) 0,5 b) $\frac{7}{12}$ c) 0 d) $\frac{1}{4}$ e) 1 f) $\frac{1}{3}$

905. a) $\frac{1}{6}$ b) 0,5 c) $\frac{1}{3}$ d) $\frac{1}{2}$ e) $\frac{1}{3}$ f) 1

906. 1F, 2B, 3A, 4D

907. a) $\frac{1}{7}$ b) $\frac{3}{14}$ c) $\frac{2}{7}$ d) $\frac{5}{14}$

908. a) $\frac{1}{45}$ b) $\frac{1}{90}$ c) $\frac{1}{49}$

909. 0,02 (2 %)

910. a) 0,5 b) 0,4375 c) 0,0625

911. a) E = {(1, 1); (2, 2); (3, 3); (4, 4); (5, 5); (6, 6)}; $P(E) = \frac{1}{6}$
b) E = {(1, 1)}; $P(E) = \frac{1}{36}$
c) E = {(1, 5); (2, 4); (3, 3); (3, 6); (4, 2); (4, 5); (5, 1); (5, 4); (6, 3); (6, 6)}; $P(E) = \frac{5}{18}$
d) E = { }; P(E) = 0
e) E = {(2, 6); (3, 4); (4, 3); (6, 2)}; $P(E) = \frac{1}{9}$

912. Abteilung 2

913. a) sicheres Ereignis: Eine Kugel mit einer Zahl zwischen 0 und 46 wird gezogen (österreichisches Lotto).
unmögliches Ereignis: Eine Kugel mit der Zahl 101 wird gezogen.
b) sicheres Ereignis: Die Münze zeigt Kopf oder Zahl.
unmögliches Ereignis: Die Münze zeigt Kopf und Zahl.
c) sicheres Ereignis: Die Kugel fällt auf ein Feld mit einer Nummer von 0 bis 36.
unmögliches Ereignis: Die Kugel fällt auf ein Feld mit der Nummer 71.
d) sicheres Ereignis: Die Summe der Augenzahlen ist kleiner oder gleich 12.
unmögliches Ereignis: Die Summe der Augenzahlen beträgt 40.

914. C, E

915. Musteraufgabe

916. **a)** $\neg E$: Die Augenzahl ist höchstens 8. $P(E) = \frac{4}{12}$; $P(\neg E) = 1 - \frac{4}{12} = \frac{8}{12}$

b) $\neg E$: Die Augenzahl ist mindestens 5. $P(E) = \frac{4}{6}$; $P(\neg E) = 1 - \frac{4}{6} = \frac{2}{6}$

c) $\neg E$: Die Zahl ist nicht ungerade. $P(E) = \frac{18}{37}$; $P(\neg E) = 1 - \frac{18}{37} = \frac{19}{37}$

917. Musteraufgabe

918. **a)** 1) Die beiden Augenzahlen sind gleich und gerade.
$E_1 \wedge E_2 = \{(2, 2); (4, 4); (6, 6)\}$
2) $P(E_1 \wedge E_2) = \frac{1}{12}$

b) 1) Die beiden Augenzahlen sind gerade oder gleich oder beides.
$E_1 \vee E_2 = \{(1, 1); (2, 2); (3, 3); (4, 4); (5, 5); (6, 6); (2, 4); (2, 6); (4, 2); (4, 6); (6, 2); (6, 4)\}$
2) $P(E_1 \vee E_2) = \frac{1}{3}$

c) 1) Die beiden Augenzahlen sind entweder nicht gleich oder nicht gerade oder beides.
$\neg(E_1 \wedge E_2) = \{(1, 1); (1, 2); (1, 3); (1, 4); (1, 5); (1, 6); (2, 1); (2, 3); (2, 4); (2, 5); (2, 6); (3, 1); (3, 2); (3, 3); (3, 4); (3, 5); (3, 6); (4, 1); (4, 2); (4, 3); (4, 5); (4, 6); (5, 1); (5, 2); (5, 3); (5, 4); (5, 5); (5, 6); (6, 1); (6, 2); (6, 3); (6, 4); (6, 5)\}$
2) $P(\neg(E_1 \wedge E_2)) = \frac{33}{36}$

d) 1) Die beiden Augenzahlen sind nicht gerade und nicht gleich.
$\neg(E_1 \vee E_2) = \{(1, 2); (1, 3); (1, 4); (1, 5); (1, 6); (2, 1); (2, 3); (2, 5); (3, 1); (3, 2); (3, 4); (3, 5); (3, 6); (4, 1); (4, 3); (4, 5); (5, 1); (5, 2); (5, 3); (5, 4); (5, 6); (6, 1); (6, 3); (6, 5)\}$
2) $P(\neg(E_1 \vee E_2)) = \frac{24}{36}$

919. **a)** 1) $E_1 \wedge E_2 = \{16\}$; $P(E_1 \wedge E_2) = \frac{1}{37}$
2) $E_1 \vee E_2 = \{1, 3, 5, 7, 9, 12, 14, 16, 18, 19, 21, 23, 25, 27, 30, 32, 34, 36\}$; $P(E_1 \vee E_2) = \frac{18}{37}$

b) 1) $E_1 \wedge E_2 = \{1, 9, 25\}$; $P(E_1 \wedge E_2) = \frac{1}{15}$
2) $E_1 \vee E_2 = \{1, 3, 5, 7, 9, 11, 13, 15, 17, 19, 21, 23, 25, 27, 29, 31, 33, 35, 37, 39, 41, 43, 45\}$; $P(E_1 \vee E_2) = \frac{23}{45}$

920. **a)** $E_1 \vee E_3 = \{2, 3, 4, 6, 8, 9, 10, 12, 14, 15, 16, 18, 20\}$; $P(E_1 \vee E_3) = \frac{13}{20}$

b) $E_2 \wedge E_1 = \{3\}$; $P(E_2 \wedge E_1) = \frac{1}{20}$

c) $\neg(E_3 \vee E_1) = \{1, 5, 7, 11, 13, 17, 19\}$; $P(\neg(E_3 \vee E_1)) = \frac{7}{20}$

d) $\neg(E_2 \wedge E_3) = \{1, 3, 4, 5, 6, 7, 8, 9, 10, 11, 12, 13, 14, 15, 16, 17, 18, 19, 20\}$
$P(\neg(E_2 \wedge E_3)) = \frac{19}{20}$

e) $E_1 \vee E_2 \vee E_3 = \{2, 3, 4, 5, 6, 7, 8, 9, 10, 11, 12, 13, 14, 15, 16, 17, 18, 19, 20\}$
$P(E_1 \vee E_2 \vee E_3) = \frac{19}{20}$

921. **a)** $E_1 \wedge E_3 = \{2, 3, 5\}$; $P(E_1 \wedge E_3) = \frac{3}{8}$

b) $E_1 \vee E_2 = \{1, 2, 3, 4, 5, 7\}$; $P(E_1 \vee E_2) = \frac{3}{4}$

c) $E_1 \wedge E_2 \wedge E_3 = \{3, 5\}$; $P(E_1 \wedge E_2 \wedge E_3) = \frac{1}{4}$

d) $\neg(E_1 \wedge E_3) = \{1, 4, 6, 7, 8\}$; $P(\neg(E_1 \wedge E_3)) = \frac{5}{8}$

e) $\neg(E_2 \vee E_3) = \{4; 6; 8\}$; $P(\neg(E_2 \vee E_3)) = \frac{3}{8}$

922. Musteraufgabe

923. individuelle Lösung

924. individuelle Lösung

925. 0,3035

926. relative Häufigkeit: Zahl 1 ≈ 0,02087; Zahl 2 ≈ 0,02094; Zahl 3 ≈ 0,02391; Zahl 4 ≈ 0,02211; Zahl 5 ≈ 0,02370; Zahl 6 ≈ 0,02163; Zahl 7 ≈ 0,0229; Zahl 8 ≈ 0,02135; Zahl 9 ≈ 0,02149; Zahl 10 ≈ 0,02232; relativer Anteil: $\frac{1}{45} \approx 0{,}02222$

Die Werte für die relative Häufigkeit der einzelnen Zahlen liegen in der Nähe des Wertes für den relativen Anteil, wie es das Gesetz der großen Zahlen bei einer ausreichend großen Anzahl an Wiederholungen besagt.

927. B, E

928. Musteraufgabe

929. B, C, D, E, F, I

930. Musteraufgabe

931. a) $P(E_1 \mid E_2)$ = Die Wahrscheinlichkeit, dass eine männliche Person mehr als acht Stunden pro Tag arbeitet.
b) $P(E_2 \mid E_1)$ = Die Wahrscheinlichkeit, dass eine Person, die mehr als acht Stunden pro Tag arbeitet, männlich ist.

932. a) E_2 begünstigt E_1. b) E_2 benachteiligt E_1. c) E_2 ist unabhängig von E_1.

933. A, D

934. a) E_2 begünstigt E_1. b) E_2 begünstigt E_1. c) E_2 begünstigt E_1.
d) E_2 ist unabhängig von E_1. e) E_2 begünstigt E_1. f) E_2 benachteiligt E_1.

935. a)

	Schülerinnen	Schüler	Summe
gegen die Abschaffung	144	206	350
für die Abschaffung	189	73	262
Summe	333	279	612

b) $\frac{279}{612} \approx 0{,}456$ c) $\frac{144}{333} \approx 0{,}432$ d) $\frac{73}{262} \approx 0{,}279$ e) benachteiligt

936. a) $\frac{8}{20}$ b) $\frac{12}{20}$ c) $\frac{1}{6}$ d) $\frac{5}{6}$ e) $\frac{1}{13}$ f) $\frac{8}{13}$

937. $P(\text{weitsichtig} \mid \text{Frau}) = \frac{267}{320}$ $P(\text{Frau} \mid \text{weitsichtig}) = \frac{267}{362}$

938. a)

	männlich	weiblich	Summe
unter 70 Jahre	64 000	74 000	138 000
70 Jahre oder älter	6 000	6 000	12 000
Summe	70 000	80 000	150 000

b) 0,92 c) ≈ 0,53 d) 0,5 e) 0,925 f) begünstigt

939. a)

	krank	gesund	Summe
Test positiv	760	4 984	5 744
Test negativ	40	244 216	244 256
Summe	800	249 200	250 000

b) ≈ 0,977 c) 0,02 d) 0,05

940. **a)**

	besuchen die Übung	besuchen nicht die Übung	Summe
Thema gewählt	55 % = 0,55	5 % = 0,05	60 % = 0,6
kein Thema	12 % = 0,12	28 % = 0,28	40 % = 0,4
Summe	67 % = 0,67	33 % = 0,33	100 % = 1

b) (1) ≈ 0,917 (2) ≈ 0,3

941. **a)**

	in Ordnung	nicht in Ordnung	Summe
Schraube wird verkauft	95 % von 90 % = 0,855	1 % von 10 % = 0,001	0,856
Schraube wird nicht verkauft	0,045	0,099	0,144
Summe	90 % = 0,9	10 % = 0,1	100 % = 1

b) 0,855 **c)** 0,001 **d)** 0,95 **e)** 0,01

942. **a)** P(Preis) = 0,48 P(Gutschein für Schokolade) = 0,2

b) nach 120 Spielen: $\frac{1}{120} \approx 0{,}0083$; nach 1536 Spielen: $\frac{62}{1536} \approx 0{,}04036$

Die relative Häufigkeit nähert sich bei einer genügend großen Anzahl an den relativen Anteil an und stabilisiert sich um den Wahrscheinlichkeitswert (Gesetz der großen Zahlen).
Da man von einer Laplace-Wahrscheinlichkeit ausgeht, hat der Spieler nicht Recht.
Die Wahrscheinlichkeit, dass die Zahl 14 kommt ist, wie bei jeder anderen Zahl, 0,04.

c) Die Person hat nicht Recht. Die Balken sind zwar gleich hoch, doch die Formatierung der Achsen ist anders.

d) A, C, E

943.–953. Selbstkontrolle (Lösungen im Schulbuch)

15 Rechnen mit Wahrscheinlichkeiten

Kapitel 15
t2hw6z

954. Musteraufgabe

955.

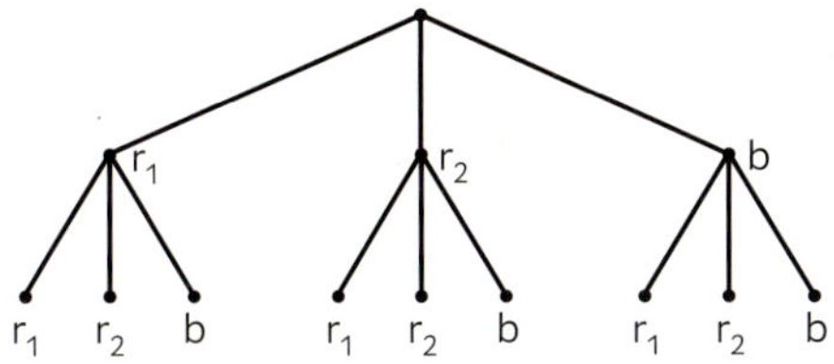

a) $\frac{2}{9}$ **b)** $\frac{4}{9}$ **c)** $\frac{4}{9}$

956.

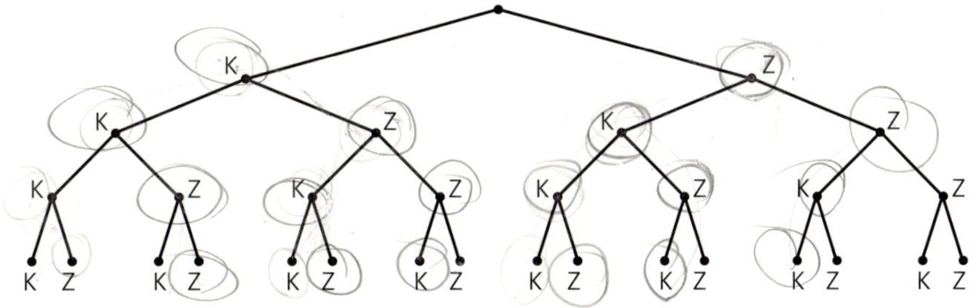

a) $\frac{1}{16}$ **b)** $\frac{4}{16}$ **c)** $\frac{6}{16}$

957. **a)** $\frac{1}{16}$ **b)** $\frac{1}{16}$ **c)** $\frac{4}{16}$

958. Musteraufgabe

959. $\left(\frac{1}{3}\right)^{10} = \frac{1}{3^{10}}$

960. $\frac{2}{30 \cdot 29} \approx 0{,}00228885 \approx 0{,}23\,\%$

Wird der Versuch (2 Kinder aus 30 auszuwählen) sehr oft durchgeführt, so werden in ungefähr 0,23 % aller Versuche die beiden Freunde gewählt werden.

961. $\frac{1}{6^5}$

962. Musteraufgabe

963. **a)** (1) 0,04 (2) 0,0367
b) (1) 0,12 (2) ≈ 0,1224
c) (1) 0,12 (2) ≈ 0,1224
d) (1) 0,36 (2) ≈ 0,3551

964. **a)** (1) ≈ 0,0565 (2) 0,0625
b) (1) ≈ 0,0645 (2) 0,0625
c) (1) ≈ 0,0645 (2) 0,0625
d) (1) ≈ 0,0565 (2) 0,0625
e) (1) ≈ 0,0645 (2) 0,0625

965. **a)** $\frac{1}{8}$ **b)** $\frac{1}{8}$ **c)** $\frac{1}{8}$

966.

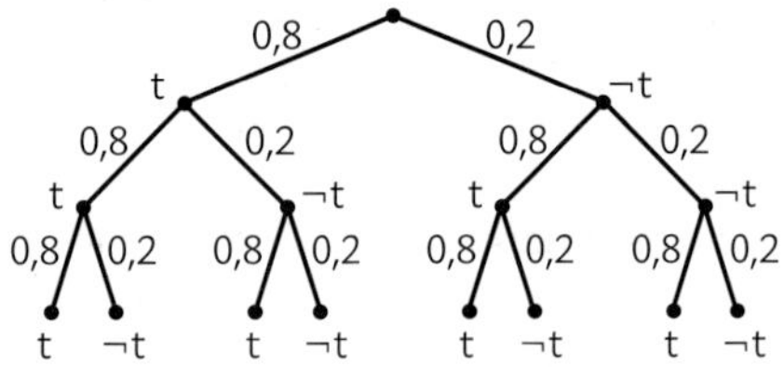

t trifft
¬t trifft nicht

a) 0,512 **b)** 0,008 **c)** 0,032 **d)** 0,032

967. **a)** ≈ 0,0000075 **b)** ≈ 0,0204

968. **a)** ≈ 0,0526 **b)** ≈ 0,5526 **c)** ≈ 0,1973

969. **a)** (1) ≈ 0,0055 (2) ≈ 0,0079
b) (1) ≈ 0,0055 (2) ≈ 0,0079
c) (1) ≈ 0,0055 (2) ≈ 0,0040
d) (1) ≈ 0,0110 (2) ≈ 0,0159

970. a)

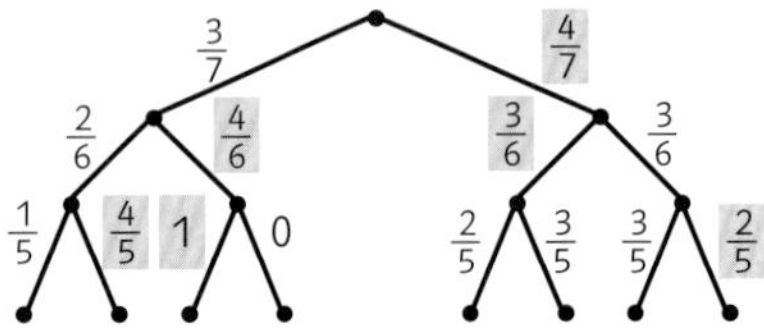

b) selbstgewähltes Beispiel
c) Interpretation laut selbstgewähltem Kontext

971. Musteraufgabe

972. Anzahl der Elementarereignisse: $6^6 = 46\,656$
a) ≈ 0,00002143 **b)** ≈ 0,00002143 **c)** ≈ 0,00002143 **d)** ≈ 0,00002143

973. a) ≈ 0,0156 c) ≈ 0,0156 e) ≈ 0,0156
b) ≈ 0,0156 d) ≈ 0,0156 f) ≈ 0,0156

974. ≈ 0,00248 %

975. **a)** ≈ 0,0046 **b)** ≈ 0,0046

976. 1A, 2C, 3D, 4F

977. **a)** ≈ 0,00001189 **b)** ≈ 0,0043 **c)** ≈ 0,0017

978. a) $\approx 1{,}05 \cdot 10^{-34}$ b) ≈ 0,6676

979. **a)** $\approx 1{,}23 \cdot 10^{-7}$
b) Nein, beide Zahlenkombinationen sind gleich wahrscheinlich.

980. a) $\approx 9{,}54 \cdot 10^{-7}$ b) ≈ 0,0563

981. $\approx 1{,}88 \cdot 10^{-6}$

982. P(Erster gewinnt) $= \frac{1}{5}$ P(Zweiter gewinnt) $= \frac{4}{5} \cdot \frac{1}{4} = \frac{1}{5}$

P(Dritter gewinnt) $= \frac{4}{5} \cdot \frac{3}{4} \cdot \frac{1}{3} = \frac{1}{5}$ P(Vierter gewinnt) $= \frac{4}{5} \cdot \frac{3}{4} \cdot \frac{2}{3} \cdot \frac{1}{2} = \frac{1}{5}$

P(Fünfter gewinnt) $= \frac{4}{5} \cdot \frac{3}{4} \cdot \frac{2}{3} \cdot \frac{1}{2} \cdot \frac{1}{1} = \frac{1}{5}$

Alle haben die gleiche Chance zu gewinnen.

983. **a)** 0,05 **b)** ≈ 0,0315 **c)** ≈ 0,0189 **d)** $\left(\frac{19}{20}\right)^{k-1} \cdot \frac{1}{20}$

984. **a)** (1) ≈ 0,1905 (2) ≈ 0,1778 **b)** (1) ≈ 0,7048 (2) ≈ 0,6578 **c)** (1) ≈ 0,2952 (2) ≈ 0,3422 **d)** (1) ≈ 0,0571 (2) ≈ 0,0711

985. 0,2
Wird der Versuch „zwei Socken aus der Lade zu entnehmen" immer öfter durchgeführt, so nähert sich die relative Häufigkeit für das Ereignis „ein zusammengehörendes Paar zu erwischen" mit zunehmender Versuchsanzahl der berechneten Wahrscheinlichkeit an.

986. a) ≈ 0,5556 b) ≈ 0,1667 c) ≈ 0,0833

987. **a)** 0,01 **b)** 0,015 **c)** 0,075 **d)** 0,02

988. a) 0,4116 b) 0,0756

989. 0,00309

990. Musteraufgabe

991. **a)** (1) 0,4096 (2) ≈ 0,419
b) (1) 0,0036 (2) ≈ 0,0028
c) (1) 0,0756 (2) ≈ 0,0725
d) (1) 0,0354 (2) ≈ 0,0316

992. a) ≈ 0,3472 b) ≈ 0,0694 c) ≈ 0,375

993. ≈ 0,0027

994. Musteraufgabe

995. **a)** (1) ≈ 0,1111 (2) ≈ 0,0769 **b)** (1) ≈ 0,0988 (2) ≈ 0,1099 **c)** (1) ≈ 0,1111 (2) ≈ 0,0769 **d)** (1) ≈ 0,5926 (2) ≈ 0,5934

996. a) ≈ 0,0162 b) ≈ 0,8681 c) ≈ 0,8681

997. **a)** (1) ≈ 0,9570 (2) ≈ 0,9653 **b)** (1) ≈ 0,0430 (2) ≈ 0,0347

998. a) ≈ 0,0442 b) ≈ 0,9558
Beide Wahrscheinlichkeiten ergeben zusammen 1, weil entweder das Ereignis aus **a)** oder aus **b)** stattfinden muss.

999. (1) genau einer (2) $3 \cdot 0{,}01 \cdot 0{,}99^2$

1000. ≈ 0,1946

1001. Musteraufgabe

1002. a) ≈ 0,7158 b) ≈ 0,0158 c) ≈ 0,2684
Die Summe der Wahrscheinlichkeiten ergibt 1, weil entweder das Ereignis aus **a)** oder aus **b)** oder aus **c)** stattfinden muss.

1003. **a)** ≈ 0,0007 **b)** ≈ 0,0155 **c)** ≈ 0,0155 **d)** ≈ 0,0046
Die Wahrscheinlichkeiten von **b)** und **c)** sind gleich, da es sich um das gleiche Ereignis handelt.

1004. **a)** 0,5 **b)** 0,5 **c)** 0,5 **d)** 0,5

1005. Musteraufgabe

1006. B

1007. a) ≈ 0,9990 b) ≈ 0,9990

1008. a) (1) ≈ 0,7778 (2) 0,75
b) (1) ≈ 0,9333 (2) 0,91
c) (1) ≈ 0,3778 (2) 0,36
d) (1) ≈ 0,7778 (2) 0,75

1009. B, C

1010. ≈ 0,1541

1011. 0,9896

1012. a) $1-\frac{365\cdot 364\cdot 363\cdot 362\cdot \ldots \cdot 345\cdot 344\cdot 343}{365^{23}}\approx 0{,}5073 > 50\,\%$

b) $1-\frac{365\cdot 364\cdot 363\cdot 362\cdot \ldots \cdot 335\cdot 334\cdot 333}{365^{33}}\approx 0{,}7750$

1013. 1C, 2B, 3D, 4E

1014. Musteraufgabe

1015. a) 56,5% b) 9,1%

1016.

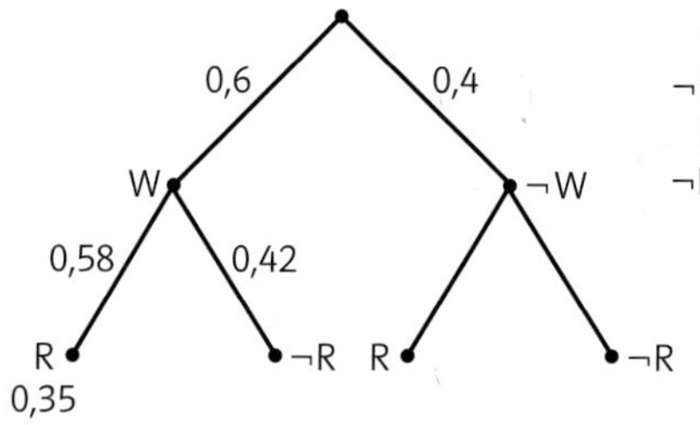

W Wassersport
¬W nicht Wassersport
R Reiten
¬R nicht Reiten

P = 0,58

1017. a) 0,5 b) 0,9 c) 0,07

1018. 1C, 2B, 3D, 4E

1019. a)

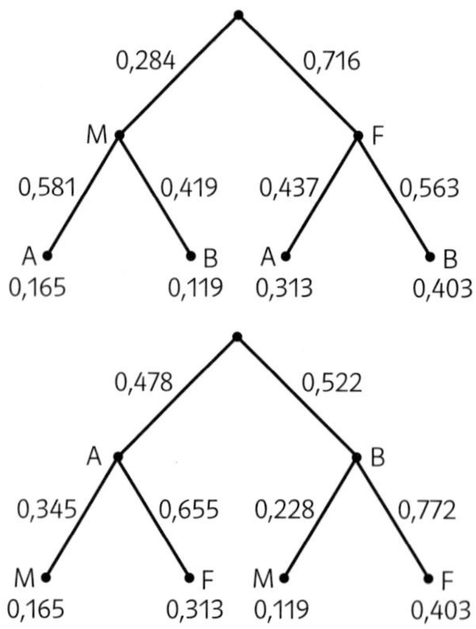

b) P(A | M) = 0,581 Die Wahrscheinlichkeit, dass ein Mann die Partei A wählt.
P(M | A) = 0,345 Die Wahrscheinlichkeit, dass ein Wähler der Partei A männlich ist.

1020. Ja, weil P(¬A | –) ≈ 0,999 und P(A | –) ≈ 0,0008

1021. **a)**

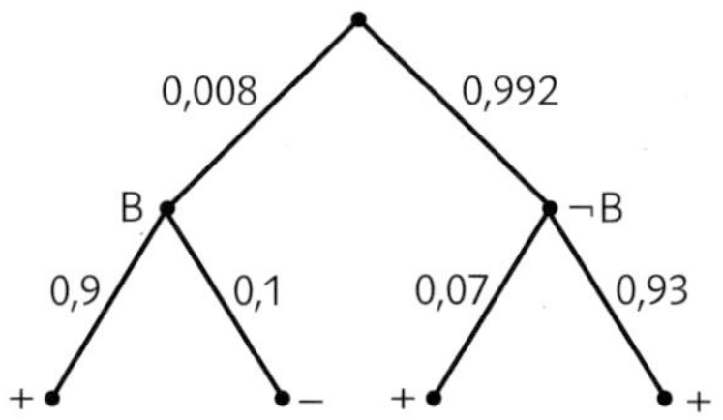

B Brustkrebs
\+ positiv
– negativ

b) $\approx 0{,}4910$ **c)** 0,93

1022. **a)** $P(M \wedge E) = 0{,}105$ **b)** $P(E \mid M) \approx 0{,}2442$ **c)** $P(\neg E \mid F) \approx 0{,}5702$

1023. **a)** $P(A \mid \neg\text{Abonnentin}) = 0{,}0303$ **b)** $P(B \mid \neg\text{Abonnent}) = 0{,}9697$

1024. Spiel A = Schatzkästchen; Die Wahrscheinlichkeit bei B zu gewinnen ist größer.
$P(g \mid A) \approx 0{,}1765$ $P(g \mid B) \approx 0{,}3253$

1025. **a)** (1) $b \mid g$: Eine geeignete Person besteht die Prüfung. $P(b \mid g) = 0{,}9$
(2) $g \wedge b$: Eine Person ist geeignet und besteht die Prüfung. $P(g \wedge b) = 0{,}27$
(3) $g \mid b$: Eine Person, die die Prüfung bestanden hat, ist geeignet. $P(g \mid b) \approx 0{,}8852$
b) (1) $\neg b \mid \neg g$: Eine ungeeignete Person besteht die Prüfung nicht. $P(\neg b \mid \neg g) = 0{,}95$
(2) $\neg g \wedge \neg b$: Eine Person ist ungeeignet und besteht die Prüfung nicht. $P(\neg g \wedge \neg b) = 0{,}665$
(3) $g \mid \neg b$: Eine Person, die die Prüfung nicht bestanden hat, ist geeignet. $P(g \mid \neg b) \approx 0{,}0432$

1026. **a)** Die angegebenen Ereignisse sind aber nicht gleich wahrscheinlich.
z.B. ist (1, 5, 6) wahrscheinlicher als (4, 4, 4)

$P(1, 5, 6) = 6 \cdot \frac{1}{6} \cdot \frac{1}{6} \cdot \frac{1}{6}$ $P(4, 4, 4) = \frac{1}{6} \cdot \frac{1}{6} \cdot \frac{1}{6}$

b) 1C, 2A, 3D, 4B

1027. **a)** $P(\text{Augensumme } 8) = \frac{7}{36}$ $P(\text{Augensumme } 4) = \frac{3}{36}$ $P(\text{Augensumme } 12) = \frac{1}{36}$
Je größer die Zahl auf dem Zahlstein ist, desto größer ist die Auftrittswahrscheinlichkeit.
b) 1F, 2D, 3B, 4E
c) Wahrscheinlichkeit, dass Vulkan ausbricht: $P(\text{Ziffernsumme } 6) = \frac{5}{36}$
Wahrscheinlichkeit, dass Vulkan ausbricht und dass die „Lava" in eine bestimmte Richtung fließt:

$P = \frac{5}{36} \cdot \frac{1}{6} = \frac{5}{216} = \frac{1}{43{,}2} \approx \frac{1}{43}$

Die Aussage ist zutreffend.

1028.–1038. Selbstkontrolle (Lösungen im Schulbuch)

1039.–1048. Kompetenzcheck (Lösungen im Schulbuch)